就业指导与训练

主　编　张智海　范德峰
编　委　吴培培

北京理工大学出版社
BEIJING INSTITUTE OF TECHNOLOGY PRESS

内 容 简 介

本书结构新颖、内容精练、深入浅出，可操作性和实用性强，既可作为各级中等职业学校就业指导课程教材，亦可用作广大中职毕业生自学和培训的读物。

本书分4个单元16个部分。第一单元初识就业，主要介绍了与就业紧密联系的专业、职业、职业理想、职业操守的相关知识，以此帮助中职生对就业有一个初步的认识；第二单元就业准备，主要介绍了中职生应该如何从自我定位、职业素质、职业能力、就业心态、身体条件以及学法懂法等方面做好就业前的各项准备；第三单元求职与面试，主要介绍了中职毕业生应该如何从容应对求职和面试；第四单元就业与创业，主要介绍了中职生初涉职场的注意事项以及自主创业的相关知识。

版权专有　侵权必究

图书在版编目（CIP）数据

就业指导与训练/张智海，范德峰主编. —北京：北京理工大学出版社，2018.1重印
ISBN 978-7-5640-4281-3

Ⅰ.①就…　Ⅱ.①张…②范…　Ⅲ.①职业选择—专业学校—教材　Ⅳ.① G717.38

中国版本图书馆 CIP 数据核字（2011）第 023489 号

出版发行 / 北京理工大学出版社有限责任公司
社　　址 / 北京市海淀区中关村南大街5号
邮　　编 / 100081
电　　话 /（010）68914775（总编室）
　　　　　（010）82562903（教材售后服务热线）
　　　　　（010）68948351（其他图书服务热线）
网　　址 / http://www.bitpress.com.cn
经　　销 / 全国各地新华书店
印　　刷 / 定州启航印刷有限公司
开　　本 / 787毫米×1092毫米　1/16
印　　张 / 10.5
字　　数 / 181千字
版　　次 / 2018年1月第1版第7次印刷　　　　　责任校对 / 陈玉梅
定　　价 / 28.00元　　　　　　　　　　　　　　责任印制 / 边心超

图书出现印装质量问题，请拨打售后服务热线，本社负责调换

Preface 前言

近几年，随着国家经济建设和社会发展对实用型技能人才的迫切需要，中等职业教育得到了迅猛发展。中等职业教育就是就业教育。如何对广大中职毕业生进行有效的就业指导，已经成为各级中等职业学校急需解决的重大课题。

针对当前各级中等职业学校缺乏专门用于中职生就业指导教材的现状，本书从中职生年龄小、学历低、思想不够成熟等特点出发，特别注重知识给予与实践训练（包括案例分析、场景模拟、课后练习等）相结合，保证达到开设就业指导课程的实际效果。

本书结构新颖、内容精炼，深入浅出，可操作性和实用性强，既可作为各级中等职业学校就业指导课程教材，亦可用作广大中职毕业生自学和培训的读物。

全书分4个单元16个部分。第一单元初识就业，主要介绍了与就业紧密联系的专业、职业、职业理想、职业操守的相关知识，以此帮助中职生对就业有一个初步的认识；第二单元就业准备，主要介绍了中职生应该如何从自我定位、职业素质、职业能力、就业心态、身体条件以及学法懂法等方面做好就业前的各项准备；第三单元求职与面试，主要介绍了中职毕业生应该如何从容应对求职和面试；第四单元就业与创业，主要介绍了中职生初涉职场的注意事项以及自主创业的相关知识。

中等职业教育还在蓬勃发展，加之编写时间及编者水平有限，所以书中难免有错误和不妥之处，恳请广大读者批评指正。同时，本书在编写过程中参考了大量的文献资料，在此向文献资料的作者致以诚挚的谢意。

编者

Contents 目录

第一单元 初识就业

第一讲　初识专业、职业与就业　　001
第二讲　我们应该树立怎样的职业理想　　010
第三讲　职业操守　　017

第二单元 就业准备

第一讲　企业需要什么样的员工　　027
第二讲　自我定位与职业匹配　　037
第三讲　职业素质与职业能力　　050
第四讲　树立正确的就业心态　　057
第五讲　保持健康的体魄　　067
第六讲　熟知《劳动合同法》和社会保险相关知识　　075

第三单元 求职与面试

第一讲　如何了解一个企业　　089
第二讲　怎样编写求职简历　　098

第三讲　求职的途径　　　　　　　108
第四讲　面试技巧与礼仪　　　　　118

第四单元　就业与创业

第一讲　社会角色的转换　　　　　125
第二讲　初涉职场的酸甜苦辣　　　136
第三讲　做好创业的准备　　　　　144

参考文献　　　　　　　　　　　159

第一单元　初识就业

第一讲　初识专业、职业与就业

引例

> 9月，小军怀着激动的心情来到全国重点中等职业学校——××铁路机械学校报到。对于小军来说，从踏入学校大门的那一刻起，一个新的人生阶段就开始了。在学校的3年里，小军要学习专业基础知识，训练专业基本技能，熟悉自己将来所从事的职业，并且要顶岗实习，在毕业的时候能够找到合适的工作岗位。
>
> 现在，小军所面临的首要问题，是如何了解自己的专业，将来能从事什么样的职业，现在中职学生所面临的就业形势如何？

一、如何了解自己所学的专业

同学们在中考填报志愿的时候，已经选择了自己所喜欢的专业。但是，很多同学对于"专业"不是非常了解。所谓专业，是指高等院校或中等职业学校根据社会专业分工的需要设立的学业类别。高等院校和中专学校，根据国家建设需要和学校性质设置各种专业，各专业都有独立的教学计划，以实现专业的培养目标和要求。也就是说，我们所学的专业，是为了将来所要从事的职业所设立的。我们所学习的知识、所训练的技能，都是为了毕业以后的工作所准备的。要想了解自己所学习的专业，可以从以下几个方面入手。

1. 请教学校老师

一般情况下，新生在刚入学的一段时间，学校的招生就业指导部门或学生管理部门都要组织学校各专业的教师对每个专业进行介绍。在此过程中，同学们一定要认真听讲，认

第一单元 初识就业

真记录，了解自己的专业所要学习的内容和训练的技能。

同时，多数情况下，班主任老师也可能了解有关情况，同学们可以经常和班主任老师探讨专业，加深对专业的了解。

2. 请教本专业的学哥学姐

本专业的高年级学生已经学习了部分专业知识，训练了部分专业技能，对于专业有了一定的了解。初入校门的同学可以在课余时间和学哥学姐们进行交流，了解本专业的情况。

3. 其他途径

我们还可以向已经参加了工作的亲戚朋友了解情况；或者通过各种媒体，如图书、电视、网络等各种途径来了解自己的专业。

▶ 小调查 ◀

说说你的专业

1. 你所学的专业是	
2. 你喜欢的专业是	
3. 什么原因使你选择了现在的专业	
4. 你了解现在所学的专业吗	
5. 你知道本专业毕业后都可以做什么工作吗	
6. 你知道你喜欢的专业日后可以做什么工作吗	
7. 看了专业分类之后你还喜欢哪几个专业	
8. 说出你对所喜欢专业的看法	
9. 你打算如何学习本专业呢	
10. 你打算调换专业吗	

为了更好地了解自己的专业，建议同学们在填完上表后，自己搜集资料，写一份本专业的调查报告，内容包括本专业的培养目标、能从事的职业、学习的课程及训练的技能等。

二、职业是什么

前面数次提到了职业。那么，什么是职业呢？职业是参与社会分工，利用专门的知识和技能，为社会创造物质财富和精神财富，获取合理报酬作为物质生活来源，并满足精神需求的工作。简单地说，职业就是我们的饭碗。比如说，张老师在学校教书育人，教师就是张老师的职业；小林在某公司从事会计工作，会计就是他的职业。张老师和小林都是通过他们的知识和技能获得报酬，满足自己的物质和精神需要，他们所从事的工作，就是他们的职业。

职业的含义如下。

（1）与人类的需求和社会结构相关，强调社会分工。

（2）与职业的内在属性相关，强调利用专门的知识和技能。

（3）与社会伦理相关，强调创造物质财富和精神财富，获得合理报酬。

（4）与个人生活相关，强调物质生活来源，并设法满足精神生活。

对于职业的更多内容，在后面的相关知识里还有介绍。

三、就业与失业

1. 就业

在入学的第一天，我们就要有这样的观点——"职业教育就是就业教育"。我们所学习的知识，所训练的技能，就是为了将来的就业。就业，就是得到职业。要想得到职业，就得学会做人，学会专业知识与专业技能，具有为社会、为企业创造价值的能力。

中等职业教育要为国家培养高素质的劳动者。我们"既要学知识，又要学技能；既要会动脑，又要会动手；既要学会生存，又要懂得做人。这样才能为自己创造美好生活，为国家做出贡献"。

2. 失业

如果我们按照上述要求去做，一般情况下，我们将来是不会失业的。什么是失业呢？所谓失业是指在劳动范围内，有就业能力并且有就业要求的人口没有就业机会的经济现象。

简单地讲，有劳动能力并愿意工作的人找不到工作就是失业。以下几种情况也算作失业。

（1）被暂时解雇而等待重返原工作岗位的人；

（2）在30天之内等待到新的工作单位报到的人；

第一单元　初识就业

（3）由于暂时患病或认为本行业一时没有工作可找而又不寻找工作的无业者；

（4）部分省市将劳动报酬低于当地城市居民最低生活保障标准的视同失业。

劳动是每个公民的权利，同时也是义务。每个年满18周岁的人都应该积极寻找工作。劳动者最光荣。但是，有时候出于非个人原因，也许会遭遇失业。这时，我们一定要振作，积极找工作或自主创业，不能成为"啃老族"或社会的包袱。只要自己肯付出，一定会有所回报。

相关知识

一、职业分类

社会分工是职业分类的依据。在分工体系的每一个环节上，劳动对象、劳动工具以及劳动的支出形式都各有特殊性，这种特殊性决定了各种职业之间的区别。

世界各国国情不同，其划分职业的标准也有所区别。

根据西方国家的一些学者提出的理论，国外职业通常分为3类。

（1）按脑力劳动和体力劳动的性质、层次进行分类。这种分类方法把工作人员划分为白领工作人员和蓝领工作人员两大类。白领工作人员包括：专业性和技术性的工作，农场以外的经理和行政管理人员、销售人员、办公室人员。蓝领工作人员包括：手工艺及类似的工人、非运输性的技工、运输装置机工人、农场以外的工人、服务性行业工人。这种分类方法明显地表现出职业的等级性。

（2）按心理的个体差异进行分类。这种分类方法是根据美国著名的职业指导专家霍兰创立的"人格—职业"类型匹配理论，把人格类型划分为6种，即现实型、研究型、艺术型、社会型、企业型和常规型。与其相对应的是6种职业类型。

（3）依据各职业的主要职责或"从事的工作"进行分类。这种分类方法较为普遍，以两种代表为例。其一是国际标准职业分类。国际标准职业分类把职业由粗至细分为4个层次，即8个大类、83个小类、284个细类、1 506个职业项目，总共列出职业1 881个。其中8个大类是：①专家、技术人员及有关工作者；②政府官员和企业经理；③事务工作者和有关工作者；④销售工作者；⑤服务工作者；⑥农业、牧业、林业工作者及渔民、猎人；⑦生产和有关工作者、运输设备操作者和劳动者；⑧不能按职业分类的劳动者。这种分类方法便于提高国际职业统计资料的可比性和国际交流。其二是加拿大《职业岗位分类词典》的分类。它把分属于国民经济中主要行业的职业划分为23个主类，主类下分81个子类，489个细类，7 200多个职业。此种分类对每种职业都有定义，逐一说明了各种职业的内容及从业人员在普通教育程度、职业培训、能力倾向、兴趣、性格以及体质等方面的要求，有较强的参考价值。

我国职业分类，主要有以下两种。

（1）根据国家统计局、国家标准总局、国务院人口普查办公室1982年3月公布，供第3次全国人口普查使用的《职业分类标准》。该《标准》依据从业人口所从事的工作性质的同一性进行分类，将全国范围内的职业划分为大类、中类、小类3层，即8大类、64中类、301小类。其8个大类的排列顺序是：第一，各类专业、技术人员；第二，国家机关、党群组织、企事业单位的负责人；第三，办事人员和有关人员；第四，商业工作人员；第五，服务性工作人员；第六，农林牧渔劳动者；第七，生产工作、运输工作和部分体力劳动者；第八，不便分类的其他劳动者。在8个大类中，第一、第二大类主要是脑力劳动者，第三大类包括部分脑力劳动者和部分体力劳动者，第四至第七大类主要是体力劳动者，第八类是不便分类的其他劳动者。

（2）原国家发展计划委员会、国家经济委员会、国家统计局、国家标准局批准，于1984年发布，并于1985年实施的《国民经济行业分类和代码》。这项标准主要按企业、事业单位、机关团体和个体从业人员所从事的生产或其他社会经济活动的性质的同一性分类，即按其所属行业分类，将国民经济行业划分为门类、大类、中类、小类4级。门类共13个：①农业、林业、牧业、渔业、水利业；②工业；③地质普查和勘探业；④建筑业；⑤交通运输业、邮电通信业；⑥商业、公共饮食业、物资供应和仓储业；⑦房地产管理、公用事业、居民服务和咨询服务业；⑧卫生、体育和社会福利事业；⑨教育、文化艺术和广播电视业；⑩科学研究和综合技术服务业；金融、保险业；国家机关、党政机关和社会团体；其他行业。

这两种分类方法符合我国国情，简明扼要，具有实用性，也符合我国的职业现状。

第一单元　初识就业

二、职位划分

　　职位是指承担一系列工作职责的某一任职者所对应的组织位置，它是组织的基本构成单位，职位与任职者一一对应。

　　一旦组织工作（业务）发生变化，可能增加新的职位，或者撤销某个职位。而增加新的职位，就意味着同时必须增加这个职位的岗位。否则，那就是个虚职，有职无岗是一种职位资源浪费。同样，撤销某个职位就意味着同时必须撤销这个职位的岗位，有岗无责可等同于"因人设岗"，这既是对组织的不负责任，也是人力资源管理事务中最典型的"不正之风"。

三、就业形势

1.中职毕业生就业情况调查

　　2005—2025年是新中国后就业形势最严峻的20年。难怪社会上流传着这样一句话：本科生就业不如高职生，高职生就业不如中职生。的确，据统计，近几年我国大学毕业生的一次性就业率始终在75%左右徘徊，而中等职业学校（含职高、中专、技校）毕业生的一次性就业率早已突破95%。中职学校针对企业生产一线培养的有技能"蓝领"成为就业新宠。有些学校的毕业生供不应求。与大学生"就业难"截然相反，中职生就业出现了越来越吃香的趋势。"2016年，全国中等职业学校毕业生人数为474.71万，就业人数为459.15万，就业率为96.72%。对口就业率为75.60%。

　　从就业去向看，数据（以下均不含技工学校）显示，到机关、企事业单位就业的占就业人数的45.49%；合法从事个体经营的占13.85%，表明在国家鼓励创新创业大形势下，不少毕业生选择了创业就业道路。升入各类高一级学校就读的占25.10%，比2015年增加5.08个百分点。这充分表明，中高职衔接立交桥不断拓宽，为更多中职毕业生接受更高层次教育提供了机会。

　　从就业结构看，从事第一产业的占直接就业人数的8.55%；从事第二产业的占31.43%；从事第三产业的占60.02%，比上年增加4个百分点，表明服务业成为中职毕业生就业的主渠道。从专业大类看，能源与新能源类、加工制造类、教育类、医药卫生类、旅游服务类、轻纺食品类、交通运输类、石油化工类、休闲保健类等9大类专业对口就业率均超过平均对口就业率，其中能源与新能源类专业对口就业率高达81.60%，这表明，越来越多的毕业生实现了对口就业，中职专业建设越来越契合经济社会发展需求。

从就业地域分布看，185.48万人在本地就业，占直接就业人数的67.26%；0.94万人在境外就业，占0.34%；89.37万人在异地就业，占32.40%，比上年增加了3.49个百分点。各地中职毕业生就业形势总体向好，地区差距不断拉近。这表明，中职毕业生就业地域仍然以本地就业为主，成为地方产业大军的主要来源和经济社会发展的重要人才支撑。

从就业质量看，在直接就业学生中，签订劳动合同的比例达88.68%，就业稳定性较高。就业月平均起薪2001—3000元的占37.70%，3000元以上的占15.76%，比2015年增加了3.74个百分点，有社会保险的就业毕业生达84.61%，毕业生的薪金待遇和社会保障状况有较大改善，毕业生对就业满意度表示不满意的仅占毕业生总数的3.38%。

从职业指导看，毕业时取得资格证书的占毕业生总数的76.92%。在直接就业学生中，经学校推荐就业的占总数的70.67%；经中介介绍就业的占6.47%；经其他渠道就业的占22.86%，学校推荐仍然是中职毕业生就业的主要渠道。"

2. 中职生未来就业形势分析

（1）中高职衔接有成效，就业去向多元化

381.58万就业的毕业生中，92.44万人升入各类高一级学校就读，占比为25.10%，与2015年相比上升约5个百分点，表明2016年充分推进了中高职衔接工作，取得了较好的成效，增加了中等职业学生接收高等教育的机会。167.49万人到国家机关、企事业单位工作，占就业人数的45.49%，与2015年相比下降6.55%；51万人合法从事个体经营，占比为13.85%，与前一年的就业去向相比，2016年中等职业学校毕业生的就业去向更加多元化。

（2）服务业就业是主流，就业结构更合理

伴随着产业结构的进一步调整，2016年中等职业学校毕业生就业的产业分布更加合理。其中，从事第一产业的毕业生数为23.59万人，占直接就业人数的8.55%；从事第二产业的毕业生数为86.67万人，占比为31.43%；值得关注的是，有165.52万人从事第三产

第一单元　初识就业

业，占直接就业人数的60.02%，比2015年上升约4个百分点，表明服务产业成为中职毕业生就业去向的主流，并且这种趋势在加强。

（3）学校推荐为主渠道，就业地域多样化

通过学校推荐就业的毕业生数为194.90万人，占直接就业人数的70.67%；通过中介介绍就业的为17.83万人，占比为6.47%；通过其他渠道就业的为63.05万人，占比为22.86%，表明学校推荐仍然是中职毕业生就业的最主要渠道。此外，2016年的中职毕业生，本地就业人数为185.48万人，占直接就业人数的67.26%；境外就业的为0.94万人，占比为0.34%；异地就业毕业生数为89.37万人，占比为32.41%，比2015年上升约3.5个百分点，表明中职毕业生逐渐开始有意愿到异地参加工作，就业地域的多样化有提高。

（4）专业分布更加优化，新能源行业对口率高

根据《中等职业学校专业目录》确定的19个专业类别，加工制造类专业毕业生数最多，为611 887人，占毕业生总数的16.04%；其次是信息技术类，为563 854人，占比为14.78%。就业人数也有类似的特征，加工制造类专业就业人数最多，为598 642人，占就业学生总人数的16.26%；其次是信息技术类，为546 200人，占14.83%。就业情况最好的专业类别是加工制造类，就业率达到97.84%；财经商贸类、其他类、信息技术类、交通运输类的就业率都在平均就业率96.50%以上。教育类、医药卫生类、旅游服务类、轻纺食品类、交通运输类、石油化工类、休闲保健类的对口就业率都在平均对口就业率75.60%以上。值得注意的是，能源与新能源类专业对口就业率最高，达到81.60%，表明到能源与新能源专业就业的质量有提升。

（5）就业形势总体向好，地区差距在缩小

宁波、青岛、深圳、浙江、上海、厦门、山东、广东的就业率在98%以上。青海、福建、重庆、海南、安徽、四川、江苏、新疆生产建设兵团、贵州、广西、宁夏、天津、云南、辽宁、北京15个地方的就业率高于平均就业率96.50%。吉林、江西、湖南、湖北、甘肃、陕西、大连、河南、黑龙江9个地方的就业率与全国平均水平大致相当。从整体来看，2016年基本与去年持平，保持了较好的就业趋势。此外，通过对比2016年各地区统计的中等职业学校的就业状况，我们发现，各地区的就业差距整体呈缩小的趋势，并且整体情况和未来趋势好于往年。

第一讲 初识专业、职业与就业

（1）中职学校学生要尽快熟悉专业、学好专业，从一入校就开始为就业做准备。

（2）对照自己实际情况，早些了解不同职业的市场行情，学好知识，练好技能，早点进入找工作的状态。

（3）中职毕业生之所以深受用人单位欢迎，其中主要的因素还在于中职毕业生可塑性大，敬业精神较强，能把所学专业随时应用于实践，工资待遇要求也低于大专以上学历的人员。中职学校针对企业生产一线培养的有技能"蓝领"成为就业新宠，但自己一定要争气、争先。永远住：机会是给有准备的人准备的。

（1）谈谈对所学专业的认识。

（2）通过多种途径了解当前的就业形势。

第二讲　我们应该树立怎样的职业理想

引例

全国技术能手——秦毅

　　1998年9月，秦毅从上海沪东船厂技校焊接与装配专业毕业后，就职于沪东中华造船集团有限公司。这位"80后"，不管是酷暑严寒还是日晒雨淋，总是拿着一把焊枪勤学苦练。为了学好技术，他常常连续几个小时埋头练习，直到电焊烫得握不住才罢手。因秦毅吃饭时，也会拿着筷子模仿焊条在空中比画，"焊痴"由此得名。不断的钻研与追求，使秦毅在实际操作中提高了自己的焊接本领，并创立了一套独特创新的仰板焊接方法，在艰苦的船舶焊接领域创造出了属于自己的辉煌。2001年1月，秦毅凭借这一绝活，在上海船舶工业公司选拔赛上以第一名的成绩胜出，并在中国船舶工业集团公司焊接比赛中勇夺第一，将"中国船舶公司技术能手"的美誉收入囊中。面对荣誉的接踵而至与焊接技术的不断提升，秦毅并没有居功自傲，而是加倍努力，主动承担起各种高、难、险、急的焊接任务。他在参加国家和地方各级焊接比赛中一路过关斩将，摘金夺银，成为沪东中华造船集团有限公司最年轻的焊接高级技师、专家型人才、"全国技术能手"，同时，他也是集团内获得由权威认证机构法国GTT公司颁发的殷瓦焊接G证的第一人。

　　从一名普通技校毕业生成长为高级技师和"全国技术能手"，成功的光环背后，秦毅付出的汗水是常人难以想象的。即使是在担任了生产组长后，他也十分注重整个团队水平的提高。在他的带领下，他们班组先后被评为上海市"新长征突击队"和上海市"青年安全生产示范岗"。

第二讲 我们应该树立怎样的职业理想

案例分析

平凡的岗位同样可以成就不平凡的事业。秦毅实现了做一名学习型、创新型、智能型的优秀工人的职业理想。他为了实现职业理想勤于实践、刻苦钻研、积极进取、执着追求。他的成功事迹告诉我们：三百六十行，行行出状元。用新知识、新技术思考和解决问题，紧跟时代前进步伐，不断朝着新的更高目标迈进，才能与时俱进，在普通的工作岗位上谱写美好的人生乐章。

那么，中职生应该树立怎样的职业理想呢？

1. 职业理想的标准

首先，造福人类是职业理想的最高追求。瑞典著名化学家诺贝尔曾豪迈地宣称："我是世界的公民，应为人类而生。"他终身实践着自己的诺言，为试制炸药舍生忘死。在炸药试验过程中，工厂曾被炸毁，诺贝尔也多次被炸得满身血污。但他从不灰心、从不退缩，勇敢地同死神周旋。他说炸药一旦用于生产，将给人类创造极大财富，危险是难免的，我尽量小心就是了。他一生有很多发明，成了巨富，然而他生活极为俭朴，从不吸烟，从不喝酒，死后还把自己的遗体献给了医学事业。按着他生前的遗嘱，后人把他的财产变为基金，设立"诺贝尔奖奖金"。人的能力有大小，职业性质有差别，无论平凡还是显赫，凡是对人类、对社会、对他人做出应有贡献的人都是受到人们的尊重的。

其次，实现人与职业的合理匹配是树立正确职业理想的客观基础。人的生理、心理特点不同，适应的职业范围也不同；职业本身的特点，对人的要求也存在着客观差别。从人与职业两个方面来说，人选择了能够发挥自己特长的职业，其潜能就会得到最大限度的发挥，在同样的劳动时间内比其不适应的职业效率高、贡献大；职业与适应其特殊需要的人相匹配，就能发挥出应有的社会功能。

2. 在实践中确立正确的职业理想

职业实践是职业理想实现的必然途径。人们对职业的认识同职业实践密不可分。只有在实践——认识——再实践——再认识的反复循环中，人们才能加深对职业的了解和认识，不断修正职业理想的偏差，完善和升华职业理想。

（1）在实践中检验、调适职业理想。职业理想的正确与否，不是以主观上感觉如何而

第一单元　初识就业

定，而是经过实践的反复检验看人与职业的适宜性来判定。从科学性上来说，理想的职业应当是人能适应职业需要，能发挥自己优势和充分显示个人才能的职业。但由于从事职业活动之前，缺乏职业实践体验，难免有情绪化的冲动，使自己职业理想发生偏差。经实践的检验，就会重新审视自己的选择是否正确，正确的应当巩固，否则就要做出合理的调适，使自己追求的目标建立在既符合现实需要又在长远的发展中有实现可能的基础上。职业理想是否正确应坚持客观标准。如果自己从事的职业实现了人与职业的合理匹配，这就是理想的职业。即使不符合个人已形成的职业理想，也要从现实与未来发展相结合的角度做出合理调适。如果从事的职业是符合自己职业理想的，但人与职业不能合理匹配，自己不适应职业的要求或仍不能充分发挥个人特长，积极性和创造性不能很好地展现，这也需要及时地、符合实际地调适自己的职业价值观，通过实践（包括正常的职业流动）来实现人职匹配，从而确立正确的职业理想，为实现科学的目标而奋斗。

（2）在实践中完善、升华职业理想。职业理想是社会和时代的产物，这就决定了它不是永恒不变的，而是要随着人们认识的深化和主体因素的变化而不断地发展变化。中职生在职业实践中通过自身体验，应不断加深对社会的认识与理解，不断过滤职业理想的幻想成分，正确处理理想与现实的关系、个人与社会的关系、人与人的关系，通过自己的职业实践为社会、为人民服务，为人类造福。

职业理想的实现总要受到时代和社会条件的制约。任何一个想要奋斗成才的人，都必须把自己的理想植根于他生长的社会时代，置身于特定的历史环境和社会关系之中。可以说，一个人在社会所需要的岗位上，充分发挥自己的创造才能，造福人民，这样做非但不会限制、妨碍其才能的施展，相反却是为他充分发挥聪明才智，实现自身的发展提供了实际的可能性。

注意事项

树立正确的职业理想，应该着重注意以下几个问题。

第一，正确认识自己。实践证明，一个面临求职择业的人，只有对自己的才能、

第二讲　我们应该树立怎样的职业理想

兴趣、特长、心理素质以及不足都有了一个实事求是的正确认识和评价之后，从实际出发选择最适合自己的职业，才能够最大限度地发挥自己的潜能，有效地实现自我价值和职业理想，从而保证在事业上取得更大的成功。

第二，不要总是想着找个什么更为理想的职业。职业理想不等于理想职业。技术工人照样可以有所作为。

第三，永远保持积极态度。当一个人的职业生涯不如意时，有些抱怨在所难免，但是，始终保持积极的态度，才能变不利为有利。

第四，必须能吃得了苦，必须付出艰辛的劳动。爱因斯坦曾把成功的诀窍归纳为一个公式：成功＝艰苦劳动＋正确方法＋少说空话。爱迪生说天才就是一分灵感加上九十九分汗水。据历史记载：曹雪芹写《红楼梦》花了10年，司马迁写《史记》花了15年，达尔文写《物种起源》花了20年，李时珍写《本草纲目》花了27年，马克思写《资本论》花了40年，歌德写诗剧《浮士德》花了60年，可见这些名人之所以能有大的作为，都吃了很多苦，付出了艰辛的劳动。机遇总是青睐有准备的人。

第五，树立终身学习的意识。刻苦学习科学文化知识，建立合理的知识结构和能力结构，努力提高自身思想道德水平，自觉加强身心素质方面的培养和训练，为实现职业理想积累知识，锻炼能力，提高素质，充实自我，使自己真正成为社会需要的建设者和接班人。一天不学习就会落后，一年不学习就可能被淘汰。

第六，坚持是成功的阶梯。恒心与毅力，在工作的过程中必不可少。拿出"天生我才必有用"的信心，拿出"吹尽黄沙始到金"的毅力，拿出"直挂云帆济沧海"的勇气，去迎接人生风雨的洗礼吧。

相关知识

一、职业理想

人的一生是自觉不自觉地在一定的职业理想中度过的。所谓职业理想，是人们为实现

第一单元　初识就业

某种社会理想，依据社会分工的需要和个人所具有的劳动力素质条件来选择职业或专业，并追求在自己所选定的职业中努力奋斗做出应有的贡献，实现人生价值。它是择业者个人对自己在社会中所处的地位、作用的追求和向往。如有人从小就决定将来长大以后一定要做一个出色的医生，一旦当上了医生之后，勤奋学习，刻苦训练，争取做一名优秀的医生，最终实现了这个愿望。这就是职业理想。

二、职业理想的特点

1. 职业理想具有差异性

职业是多样性的。一个人选择什么样的职业，与他的思想品德、知识结构、能力水平、兴趣爱好等都有很大的关系。政治思想觉悟、道德修养水准以及"三观"（世界观、人生观、价值观）决定着一个人的职业理想方向。知识结构、能力水平决定着一个人的职业理想追求的层次。个人的兴趣爱好、气质性格等非智力因素以及性别特征、身体状况等生理特征也影响着一个人的职业选择。因此，职业理想具有一定的个体差异性。

2. 职业理想具有发展性

一个人的职业理想的内容会因时、因地、因事的不同而变化。随着年龄的增长、社会阅历的增加、知识水平的提高，职业理想会由朦胧变得清晰，由幻想变得理智，由波动变得稳定。因此，职业理想具有一定的发展性。比如，孩提时代想当一名警察，长大后却成了一名教师的事实就说明了这一点。

3. 职业理想具有时代性

2004年8月份国家向社会发布第一批9个新职业以后，又向社会发布第二批10个新职业。这批新职业是会展策划师、商务策划师、数字视频（DV）策划制作师、景观设计师、模具设计师、家具设计师、建筑模型设计师、客户服务管理师、宠物健康护理员、动画绘制员。2009年11月12日，人力资源和社会保障部在上海召开第12批新职业信息发布会，正式向社会发布8个新职业的信息。皮革护理员、调味品品评师、混凝土泵工、机动车驾驶教练员、液化天然气操作工、煤气变压吸附制氢工、废热余压利用系统操作工、工程机械装配与调试工。

这些新职业基本上都集中在现代服务业，主要是管理、策划创意、设计和制作。其特点是不仅要求从业人员有较高的理论知识素养，而且要求有较强的动手能力，属于高技能人才中知识技能型人才。

三、职业理想在人生中的作用

1. 职业理想的导向作用

俄国的托尔斯泰曾说过理想是指路的明灯，没有理想就没有坚定的方向，就没有生活。同学们在现阶段的学习生活中也已经深切地感受到，一旦学习目的不明确，学习的热情就会低落，学习的效果就不明显。因此，有了明确的、切合实际的职业理想，再经过努力奋斗，人生发展目标必然会实现。

2. 职业理想的调节作用

没有职业理想，在实践中遇到困难和阻力时，人就会心灰意冷、丧失斗志。如果一个人只把自己的追求定位在找个"好工作"上，即便是将来有实现的可能，也不能算是崇高的职业理想。因为，这样的理想一旦实现，他就会不思进取，停滞不前，甚至虚度年华。与之巧反，一个人只要树立正确的职业理想，无论处在顺境或者是逆境，都会勇往直前。

3. 职业理想的激励作用

周恩来12岁就发出"为中华之崛起而读书"的誓言，表达了他从小立志振兴中华的伟大志向。从小立志，志存高远，树立一个崇高的人生目标，为实现这个目标坚持不懈、奋斗不止，就会为人民，为国家做出贡献，这样的人生才有意义。

四、实现职业理想的条件

1. 了解自己

人有时很难正确估价自己。有的同学不能正确估价自己的素质、知识、能力等因素，对于用人单位所聘的职位，自己能不能干，能不能干好，没有定好位。只是一味纠缠工资多少、住宿条件等，因而对这个单位不满意，对那个公司不称心。自己眼高手低，还埋怨学校没有把自己教好。我们初涉社会，不要太过分看重自己的学历文凭，重在正确估量自己的素质和专业技能。

第一单元　初识就业

2. 了解职业

每种职业都有与之相适应的职业能力要求。除了具备观察、思维、表达、操作、公关等一般能力之外，一些特殊行业还有特殊要求。因此，有选择且有针对性地培养自己的能力，主动去适应并接受职业岗位的挑战是十分重要的。

3. 了解社会

职业发展趋势是指职业未来发展的态势。有些职业一时需求量大，竞争激烈，但随着社会的发展将日趋衰落；有些职业暂时处于冷落状况，但随着社会的发展会日益兴旺。因此，加强对社会职业需求的分析和预测，了解社会职业岗位需求情况是极其重要的。

中职学校学生要实现顺利就业，必须树立远大美好的职业理想。它既包括对将来所从事的职业种类和职业方向的追求，也包括事业成就的追求。

青年时期是学生的世界观、人生观、价值观形成的重要时期，也是我们的职业理想孕育的关键时期。作为理想的重要组成部分的职业理想，它体现了人们的职业价值观，直接指导着人们的择业行为。随着科技革命的进程不断向前，职业的分工越来越多样和精细，人们的职业理想也越来越丰富。青年学生的职业理想是在直接和间接的社会实践中产生的，主要是在社会氛围、父母和亲友的评价、学校教育以及自身条件等多种因素影响下形成的。由于这些因素是不断演变的，所以青年的职业理想也是发展变化的。

对于接受中职教育的青年而言，职业不仅仅是谋生手段，而是通往事业成功的阶梯。因此，选择的职业是否理想应以能否发挥专长、服务社会，是否符合社会主义现代化建设需要为主要标准。正如马克思所说在选择职业时，我们应该遵循的主要指针是人类的幸福和我们自身的完美。

谈谈自己的职业理想。

第三讲　职业操守

引例

员工的职业操守呢?

某科技发展公司最近遇上了一桩非常头痛的事情：周一清晨一上班，人事部经理推开办公室的门，一脚踩在一个信封上，拾起来一看，里面是一串钥匙和一封辞职信。信上寥寥数语："我们因对公司理念不能苟同，决定集体辞职。署名为客户部全体……日期是上周五"。客户部是公司内外衔接的重要业务部门，现在全体成员突然辞职，部门的正常工作没人做了。人事经理顿时懵了，赶紧向老总汇报。公司高层立即召开紧急会议，临时调派人员去做客户部的工作。但新到位的客户部员工发现了更糟糕的情况：客户部电脑上的全部业务文档被删除，甚至包括客户名单、联系方式、订单明细、客服日志等资料也一片空白。接下来的几天，公司发现客户方面的订单、价格等内部信息在业内炒得满天飞，投诉不断，纠纷四起，公司业务一时陷入瘫痪，经济损失惨重。

案例分析

上面的案例涉及员工职业操守中保护商业秘密的范畴。对于侵犯商业秘密的行为，人力资源与劳动保障部出台的《违反〈劳动法〉有关劳动合同规定的赔偿办法》规定，职工违反保密协议造成用人单位损失的，应当按《反不正当竞争法》第20条的规定支付用人单位赔偿费用。以上规定仅适用于保密协议没有明确违约责任的情况。若其他用人单位与员工共同对原用人单位造成损失的，可同时要求该单位承担

第一单元　初识就业

连带赔偿责任，其份额一般不低于赔偿总额的70%。此外，我国民法、刑法也规定了相关的救济途径。这些规定为企业与员工签订职业操守及保密协议提供了法律依据，员工应当增强相关意识，努力做到以下几方面。

（1）加强职业操守教育，强化职业操守及保密意识。

（2）签订并严格遵守职业操守及保密合同。

（3）遵守企业的规章制度，遇到问题合理解决，即使辞职也要按规定办事，不能一走了之，只图自己方便而不替公司与他人着想。

注意事项

（1）职业操守是企业员工从业履职的基本规范。

（2）为规范员工的职业行为，教育和引导员工自我约束，提高员工职业素质和职业道德水准，企业可以制定员工职业操守准则。

（3）职业操守不能代替业务规章制度的具体规定，员工在工作中应当遵守相关规章制度。

相关知识

一、成功者的职业操守观

做事靠的是知识、技能，做人靠的是良心、道德。职业人拥有正确的观念，才会在工作中使用正确的方法。一个没有正确观念的人，行事方法一定会出问题。

（一）成功者的观念

职业人正确的基本观念主要包括：遵纪守法，遵守社会公德，遵守企业规章制度，按程序行事，服从分配，有责任心，爱岗敬业，团队精神，互相帮助，互相爱护，尊敬上司、同事、下属等。

虽然工作是谋生的手段。但是，每个人都要有一种使命感与社会责任，不能仅仅为赚钱而活着。

（二）成功者的心态

你勤奋吗？你有雄心壮志吗？你能持之以恒吗？你安排有序吗？你有创造性吗？你注意力集中吗？你正直吗？你乐观吗？

我们怎样对待生活，生活就怎样对待我们；我们怎样对待别人，别人就怎样对待我们。我们在一项任务刚开始时的心态决定了最后有多大的成效，这比任何其他因素都重要。

心态是我们命运的控制器，消极的心态是失败、疾病与痛苦的源流，而积极的心态是成功、健康、快乐的保证。

问题：

（1）"拿多少钱，干多少事。"这个观念对不对？为什么？

（2）"只管耕耘，不问收获"的人将会获得最多的收获。你赞同吗？为什么？

二、职业操守基本规范

（一）爱岗敬业

案例一：不爱岗，就下岗；不敬业，就失业！——某企业厂训

案例二：北京市 21 路公共汽车 1333 号女售票员李素丽，自 1981 年走上三尺售票台以来，以周到的服务、细致的关怀，赢得了社会的赞誉，做出了不平凡的成绩，真正体现了爱岗敬业的职业操守。

1. 爱岗敬业的含义

爱岗——热爱自己的工作岗位，热爱自己所从事的职业。

敬业——以恭敬、严肃、负责的态度对待工作，一丝不苟，兢兢业业。

2. 爱岗敬业的意义

（1）它是服务社会、贡献力量的重要途径；

第一单元 初识就业

（2）它是各行各业生存的根本；

（3）它能促进良好社会风气的形成。

3. 爱岗敬业的基本要求

（1）乐业：热爱并热心于自己的职业和岗位，以认真工作为乐；

（2）勤业：忠于职守，认真负责，刻苦勤奋，不懈努力，勤勤恳恳，踏踏实实；

（3）精业：好学进取，追求高质量，不断开拓创新。

乐业、勤业、精业，三者与爱岗敬业的关系是：乐业是前提，是一种职业情感；勤业是保证，是一种良好的工作态度；精业是条件，是一种对完美的执着。

名人名言

（1）乐业即是趣味。——梁启超

（2）不管有多少烦心事儿，只要一坐在票台前为乘客服务，我就特别开心，什么烦恼都忘了。——李素丽

（3）宁肯一人脏，换来万人净。——徐州下水道四班

（二）诚实守信

案例一：山东青岛海尔集团讲诚信、高质量，使其市场通四海，利润滚滚来。海尔产品已经走向全世界160多个国家和地区，1993年以来为国家上缴税收52亿元。

海尔集团凭借什么原因走出了国门，走向了世界？这个案例说明我们在从事职业活动时应当持一种怎样的态度？

案例二：2007年8月13日下午，北京时间16时45分许，位于中国湖南省凤凰县的在建的沱江大桥突然坍塌。此次事故中，64人遇难。

国务院事故调查组经调查认定，这是一起严重的责任事故。由于施工、建设单位严重违反桥梁建设的法规标准、现场管理混乱、盲目赶工期，监理单位、质量监督部门严重失职，勘察设计单位服务和设计交底不到位，湘西自治州和凤凰县两级政府及湖南省交通厅、公路局等有关部门监管不力，致使大桥主拱圈砌筑材料未满

第三讲　职业操守

足规范和设计要求，拱桥上部构造施工工序不合理，主拱圈砌筑质量差，降低了拱圈砌体的整体性和强度，随着拱上施工荷载的不断增加，造成1号孔主拱圈靠近0号桥台一侧3至4米宽范围内，砌体强度达到破坏极限而坍塌，受连拱效应影响，整个大桥迅速坍塌。

这个案例说明我们在从事职业活动时应该持什么样的态度？

案例三：某市供电公司7年前与一私营企业订立了一份有效期长达2万年的供电合同，由于合同时限过于荒谬，不仅没能保障该私营企业的利益，而且还严重影响了该市农村电网改造，并引发了纠纷。

双方在签订了合同之后应持怎样的态度？怎样信守合同？

1. 诚实守信的含义

诚实守信就是忠诚老实，守信无欺。诚实是守信的基础，守信是诚实的具体体现。

2. 诚实守信的意义

（1）它是做人之本。

（2）它是各行各业的生存之道。

（3）它是维系良好的市场经济秩序必不可少的道德准则。

3. 诚实守信的基本要求

（1）要诚信无欺、言行一致。

（2）要实事求是、讲究质量。

（3）要信守承诺、按合同办事。

名人名言

（1）你必须以诚待人，别人才会以诚回报。——李嘉诚

（2）老老实实最能打动人心。——莎士比亚

（3）忠诚的高尚和可敬，无与伦比。——裴多菲

第一单元　初识就业

（三）办事公道

案例：大连经济开发区法院刑事审判庭副庭长谭彦坚持秉公执法、客观公正、照章办事，被人们誉为无私奉献的"铁法官"。他办案300余起，无一起发回改判。他常说我是法官，头顶着国徽，肩扛着天平，绝不能在我们手中办一件错案。无论是亲朋好友的说情，或是打着各种旗号的威胁者，通通被他顶回去。他是办事公道遵守职业道德规范的楷模。

谭法官被人民群众亲切地称为"铁法官"的原因是什么？办事公道对于我们国家和社会而言有什么现实意义？

1. 办事公道的含义

办事公道是指从业人员在办事情、处理问题时站在公正的立场上，按照同一原则和同一标准办事。

2. 办事公道的意义

（1）它是从业人员的必备品质。

（2）它有助于社会文明程度的提高。

（3）它是市场经济良性运作的有效保证。

3. 办事公道的基本要求

（1）要客观公正，不徇私情。

（2）要照章办事，不违反程序。

（3）要从细微之处严格要求自己。

名人名言

（1）如果没有了正义和公道，人生在世就不会有任何价值。——康德

（2）有公心，必有公德。——杨泉

（四）服务群众

案例一： 2016年感动中国十大人物，梁益建，医学博士，四川省成都市三医院骨科主任梁益建多年前学成回国，参与"驼背"手术3 000多例，亲自主刀挽救上千个极重度脊柱畸形患者的生命，成为国内首屈一指的极重度脊柱畸形矫正专家尽可能的为患者着想，是梁益建的工作守则。到医院求治的病人，很多经济条件都不好。为了让患者尽快得到治疗，他处处为病人节省费用外，还常常为经济困难的患者捐钱，四处化缘。碰到有钱的朋友，他会直接开口寻求帮助，甚至尝试过在茶馆募捐。

案例二： 海尔服务人员承诺：一证件——上门服务出示上岗资格证；二公开——公开出示海尔"统一收费标准"，并按标准收费；公开出示维修或安装记录单，服务完毕后请用户签署意见；三到位——服务后清理现场到位，服务后通电试机演示到位，服务后向用户讲解使用知识到位；四不准——不准喝用户的水，不准抽用户的烟，不准吃用户的饭，不准要用户的礼品；五个一——递上一张名片，穿上一副鞋套，配备一块垫布，自带一块抹布，提供一站式产品通检服务。

以上两个案例体现了职业操守基本规范中的哪几点？

1. 服务群众的含义

服务群众就是全心全意地为人民服务，一切以人民的利益为出发点和归宿。

2. 服务群众的意义

（1）人生价值在服务群众中得到实现。

（2）市场经济呼唤服务精神。

（3）社会文明需要服务精神。

3. 服务群众的基本要求

（1）心中有群众。

（2）处处方便群众。

（3）自觉接受群众的监督

第一单元　初识就业

名人名言

（1）一切为人民服务，这是一个真理，我们应该坚持。——董必武

（2）只要人民需要，我随叫随到。——冯巩

（3）横眉冷对千夫指，俯首甘为孺子牛。——鲁迅

（五）奉献社会

案例一：1987年上海肝病盛行，造成治疗该病的板蓝根冲剂脱销。同仁堂接到上海求药的信息后，坚持不在药品脱销时涨价，不赚昧心钱，而是秉承"养生济世、义利并举、以义为先"的宗旨，赶制冲剂并火速运往上海。

案例二：2016年感动中国十大人物，支月英，女，江西省宜春市奉新县澡下镇白洋教学点教师。1980年，江西省奉新县边远山村教师奇缺，时年只有十九岁的南昌市进贤县姑娘支月英不顾家人反对，远离家乡，只身来到离家两百多公里，离乡镇45公里，海拔近千米且道路不通的泥洋小学，成了一名深山女教师。36年来支月英坚守在偏远的山村讲台，从"支姐姐"到"支妈妈"，教育了大山深处的两代人。

这两个案例体现了职业道德基本规范中的哪一条？

1. 奉献社会的含义

奉献社会就是将自己的知识、才能和智慧毫无保留、不计报酬地贡献给自己的国家和人民，甚至包括生命，为国家、为社会、为人民做出自己应有的贡献。

2. 奉献社会的意义

（1）有助于培养社会责任感和无私精神。

（2）能充分实现自我价值。

3. 奉献社会的基本要求

（1）坚持把公众利益、社会利益摆在第一位，这是每个从业者的从业行为的宗旨和归宿。

（2）要有全局观念。

第三讲　职业操守

名人名言

（1）你若要实现你自己的价值，你就得给世界创造价值。——歌德

（2）一个人的价值应该看他贡献什么，而不该看他取得什么。——爱因斯坦

（3）人生是美好的，就是在你停止生存时，也还能以你所创造的一切为人民服务。——奥斯特洛夫斯基

1. 操守对于完善人格、成就事业、促进社会和谐发展有重要的意义。

2. 爱岗敬业是职业操守的基础和核心，爱岗和敬业是相辅相成的。

3. 诚实和守信是相互联系的，诚实是先决条件，守信是必然结果，诚信不仅是职业活动的道德准则，而且是做人做事的基本准则。

4. 在职业活动中要做到办事公道，需要克服"私心"，更需要公心、勇气和合理的斗争。

5. 服务群众是为人民服务思想在职业活动中的具体表现。

6. 奉献社会是职业道德中的最高境界，同时也是做人的最高境界。

你懂得多少职业道德？怎样把职业道德要求付诸行动？

第二单元　就业准备

第一讲　企业需要什么样的员工

引例

2017年7月，重庆某科技产业有限公司招聘了21名毕业生。让人始料未及的是，在随后不到4个月的时间里，该公司陆续开除了其中的20名，仅仅留下了一名中专生。据公司反映，这些毕业生被开除的主要原因是自身素质和道德修养不高。

第一批被公司除名的是两名来自某重点大学的计算机高才生。他们在第一次与客户谈完生意后，将价值3万多元的设备遗忘在出租车上。面对经理的批评，两人却振振有词地说："对不起，我们是刚毕业的学生。学生犯错误是常事，你就多包涵吧。"第三个被公司扫地出门的是一名本科毕业的女生，喜欢睡懒觉，上班经常迟到，还在工作时间上网聊天，经多次警告仍置若罔闻，最终被公司"开回家"。另有3名毕业生因"张狂"而被"卷了铺盖"。他们在与客户吃工作餐时，夸夸其谈，大声喧闹，弄得客户和公司领导连交谈的时机都没有。最让人难以接受的是，有一次，公司老总带领公司员工到外地搞促销，在海边租了一套别墅，仅有20多间客房，但员工有100多人，很多老员工甚至老总都只能睡在过道上。而有些新来的毕业生却迅速给自己选定好房间，然后锁上房门独自看电视。这些学生好几次走出房门看见长辈睡在地上，竟都视而不见，不吭一声。此事又有几名毕业生丢了饭碗。最后被开除的是一名男生，他没有与对方谈妥业务就飞到南京，让公司白白花了几千元的差旅费。当领导问及此事，他却理直气壮："我没错，是他们变卦，你是领导我不怕"就，这样，3个多月下来，20名毕业离开了公司。

而唯一没有被炒掉的幸运儿是一位女中专生。"我只是比别人更清楚，自己比别人少了什么东西。"在她看来，作为公司的一员，首先是对自己所在单位负责、对工作负责。在她的工作记录本封面上写着两个字：用心。她介绍说，因为刚接触工作，很多东西都需要学习，自己就借公司其他员工的资料看，经常看到深夜。"而且我特别喜欢问，公司上上下下的同事都被我问遍了，大家都笑话我是'十万个为什么'。"正是这份勤奋和谦逊，让这位女毕业生笑到了最后。

第二单元　就业准备

案例分析

企业是由不同的职能部门和岗位所组成，企业经营的目的是要赢利。赢利是为了更好地为社会服务、为客户服务。企业需要能够承担岗位的责任、完成岗位任务的员工。员工唯有提高自身的职业素质和职业技能，才能胜任企业岗位的工作，才能帮助提高企业经营的效益。

一流的企业是由一流的员工所组成，企业可以给员工提供或创造良好的工作场所或环境，这是员工完成任务和创造工作价值的条件。企业需要有敬业精神、有责任感、脚踏实地的员工，不需要眼高手低、自以为是、坐着这山看那山的人。因此，了解了企业的需要，毕业生就应利用有限的时间努力完善自己，提高自身综合素质，以增强自己的竞争能力。

面对市场的竞争，面对职场的竞争，我们应届毕业生是否知晓：未来的工作？岗位的任务？职业的素质？职业的技能？工作的标准等，如果连企业究竟需要什么样的员工我们都不知、都不晓，试想企业会接纳我们吗？社会需要我们吗？我们能找到适合自己的岗位或工作吗？在市场经济激烈竞争中的今天，企业究竟需要什么样的员工呢？

一、具备基本的职业素养

职业素养是一种较深层次的能力素质要求，它渗透在人们的日常行为中，影响着人们对事物的判断和行动的方式。

第一，要忠诚、要有责任心。随着社会变革经济转轨，企业进行所有制改造，员工进入企业，心中要有主人翁意识。质量和效率是企业的生命，如果员工对企业不负责，充其量被开除，可以再换一个单位干，而企业老总的身家利害全押在这个企业。这就是为什么企业老总让员工感到很凶、不近人情的原因之一。每一个人都要换位思考，以主人翁姿态对待自己的工作。

第二，要有良好的道德修养。大家在一起工作，难免有点磕磕碰碰，相互之间要谦让。

第一讲　企业需要什么样的员工

目前，独生子女比较多，从小受宠，惯坏了，但企业由不得员工使小性子。一个企业整天吵吵闹闹，既不利于员工间团结，也有损企业形象。

第三，要有组织纪律性。随着生产规模扩大和经营水平提高，企业生产实行专业条块化，职业学校学生基本是在生产第一线。流水线一开，你迟到、早退，生产环节就脱钩了，企业就会遭受损失。试想，如果一条流水线有10道工序，10个人在不同时间段内每人上厕所6分钟，那么，工厂就要停止生产一小时。

第四，要有勤奋好学、不耻下问的精神。学校里所学知识可能是全面的，不可能每一块学得很深，但工作是具体的，对具体的工作就要有很深的专业知识，因此就要再学习，就要请教老师傅。企业间竞争十分激烈，新工艺、新技术不断涌现，企业要想在竞争中立于不败之地，必须尽快使用新工艺、新技术，这就需要每一个员工不断地学习。

第五，要有创新能力。企业如同饭店，大众菜都有，但饭店要能立驻足，必须有自己的招牌菜，自己的绝活。企业也是这样。创新是一个民族进步的灵魂，是一个国家兴旺发达的不竭动力，也是一个企业在市场竞争中不败的源泉。企业工序很多，处处都可以创新，关键是有没有创新能力、创新精神。

第六，要尊敬师傅。学生进入企业后，要尊敬师傅，这样不仅能学到一些绝活使自己尽快成长，也是做人的一种美德。

二、具备一定的职业能力

虽然看起来各家用人单位的需求都有所侧重，但认真分析起来，其实有很多共性的内涵，这就是青年毕业生应具备的7种基本的职业能力。

1. 辩证思维能力

这是现代人才基本素质要求的基础，是辩证地看问题（不走极端）的能力。辩证地看待取与舍、付出与得到、好与坏、对与错及管理的"度"。

2. 学习能力

现代知识更新很快，有个说法：知识3年不用就过时了。即使是人才，如果没有很强的学习能力和悟性，也会被淘汰。读书方法与自学能力是学习能力的重要方面。

第二单元 就业准备

3. 创新能力

创新能力是推动知识经济发展的核心动力，包括各方面的创新，即技术、产品、制度、管理、营销、文化、观念、质量、品牌、服务等。

4. 生存能力

必要的技能、经验和适应能力组成自身的生存能力。

5. 团队精神

团队精神也就是团队合作的能力、沟通交流的能力。现在已经不是单枪匹马打天下的时候了。必须懂得进善于与他人合作，要发挥团队战斗力。

6. 承担风险的能力

没有承担风险的能力就不可能干出大事业，甚至连小有成就也难。

7. 个人品质与道德

要有责任心、自尊、自信、自我管理、诚实、正直。对企业的忠诚、对用户的诚信是职业道德的基本要求。

上述可以归结为"热情＋能力＋自信心"。首先，要热爱事业，如果没有爱，就是再有能力也发挥不出来，这就是热情。其次，要有能力，只有热情但没有为之服务的基本知识和能力是不行的。最后，自信心非常重要。自信心要求你有坚定的信念和诚实的品质。任何事情都不会一帆风顺的，遇到困难与挫折，要有坚强的意志和必胜的信心。只有这样，你才能坚持下去，并逐步成功。

三、具备良好的职业态度

态度决定高度。积极的态度能激发人们战胜困难的意志和勇气，反之则一事无成。

企业对员工的态度有什么样的期望和要求呢？根据现在各用人单位的经营理念和经营管理层的经营思想基本可以归纳为8个字"敬业、乐业、精业、勤业"。而做到、做好这8个字的关键如下所述。

服务 ①工作就是服务。在市场化的今天，企业作为市场竞争的主体，就要为社会提供相应的服务。每个员工都要明白，工作就是服务。如果一个员工不能够提供相应的服务，那么，这个员工在企业里就没有存在的必要。因为他占用了资源，而不能产生效益。②服

第一讲　企业需要什么样的员工

务就是工作。这是站在更高的层次和观念上对工作态度的理解。树立了服务的观念，就会更积极主动地去思考，对自己的要求也会更高，也就能够把工作做得更好。

责任　①分工负责，各司其职。首先把自己的本职工作做好，在自己的岗位上要成为最优秀的人才，能够完全胜任自己的工作。②负责任比"优秀"更重要。在如今的社会，责任感和责任意识已经成为一种稀缺的资源。一个对工作、对企业、对家庭、对社会没有责任感的人，很难取得事业上的成功、赢得他人的尊重。

主动　①对工作要主动。主动地对待工作，就会有积极的态度、良好的心态，就会把主要的时间和精力放在工作上，而不是怨天尤人。②对生活要主动。在生活中，有主动的精神就会有积极的心态，能够正确地看待生活中各种压力和困难，就会对自己充满信心，就能够克服别人不能克服的困难。

流程　①按制度办事。尊重制度、坚持原则，也就是尊重公司，尊重他人。②按程序办事。一些既定的程序不仅是企业规则，也是对管理行为、活动的科学总结。按照程序办事，能够节省时间，提高办事效率。

准确　①迅速反应，及时处理。对工作不能等、不能靠。在一个追求时间和效率的时代，及时地将各种设想、计划付诸行动，是一种难得的品质。这也是时代对于我们的要求。今日事今日毕，会有效地提高工作效率。②一次性把事情做对。如果在做一件事情时总是在一些细节上犯错误、出问题，显而易见，就不会有效率，也不会有提高。

学习　①不断学习，提高专业技能。要养成学习的习惯，学习新思想、新观念、新技术，全面提高自身综合素质，在"学习型"的社会做一个"学习型"的人。②"三人行必有我师焉"。要通过学习，创新变革，更新观念，跟上时代的节拍，适应社会的发展节奏。

团队　①大事讲原则、小事讲风格。以集体利益为重，要树立和弘扬团结协作精神。当今的社会是一个分工的社会，因此更要进行有效积极的协作。②团结协作，发挥特长，取长补短。要积极发挥团队中每个人的优点，加强协作，取长补短，才能相得益彰。

节约　①增强成本意识。资源永远都是稀缺的。企业的目标与使命是为社会创造更多的价值与财富，作为企业的员工，更要增强成本意识。②让节约成为习惯。对物珍惜更是对自然与生命的尊重，是高尚的行为。反对奢侈浪费，节约一张纸、一度电，让节约成为自觉的行为与习惯。

表率　①代表公司、部门形象。要严格要求自己，做勤勉尽责的典范，做遵纪守法的

031

第二单元　就业准备

典范。身先足以率人，律己足以服人。身教重于言传，尤其是中高级管理人员更要做下属的典范。②对己克制，对人感恩表率作用还应该体现在对人、对己的态度上。对自己要严格要求，克制自己的不良倾向和习惯。对他人时刻怀着一颗感恩的心，感激生活的慷慨，感激他人给予你的帮助、支持、理解。

细节　①把小事作好。"不以善小而不为，不以恶小而为之"。②系统思考，不放过每一个环节。

综上所述，作为刚刚走出校门的毕业生，一定要适应环境，面对环境的困惑、市场的变化、工作的困难，不要指责、不要抱怨，要以积极的心态去面对、去处理，要通过分析来寻找解决问题的最佳办法。对于弱者来说，命运掌握在别人的手中；对于强者来说，命运掌握在自己的手中。只有通过努力地工作，才能改变自己、改变环境、改变命运。

相关知识

企业看重毕业生什么？

Microsoft：专业和学校都是次要的，微软看重的是一个人是否足够聪敏，是否有逻辑能力，对工作和求知充满热情，是否能适应微软的文化。

联想：不管毕业生过去的背景成绩多优秀，在联想都是从基层开始做起。

海信：选人不拘一格，不看出身，最看中的是企业文化取向，即首先认同本企业文化。

凤凰卫视：凤凰招聘员工，最注重的是工作经验，然后是专业背景，最后是毕业学校。宝洁：强调员工的自身素质——诚实正直、领导能力、勇于承担风险、积极创新、发现问题和解决问题的能力。

美世：尊重所有的人，具有合作观念；享受工作；诚实，积极主动；用专业技能的最高水准为客户服务。

罗兰贝格：很强的分析能力；创造性；团队合作精神；很强的交流技能。

SONY：企业文化的核心是自由、创新。需要员工具有好奇心、冒险精神、执着精神、灵活性和乐观精神。

IBM：①智力；②具有自我激励的习惯，要坚信自己比任何人都做得好，有强烈渴望成功的欲望；③接受新事物比较快，在此基础上要有创新精神。

某中小民营企业：比较看重实际工作能力，提倡的就是用企业用得起的人。

李开复博士：如果企业雇用了一个不诚实的人，那么它就是在尝试冒险。目前经营成功的一些中国公司，都注重"诚信"二字。这是企业在多年实践中通过学习研究正反两方面的实际所得出的用人观。

国内外知名企业用人各有不同

金山软件公司招人不重经验重灵性，用人主张小马拉大车。总经理助理说，他们在选新人的时候很看重应聘者的灵气和悟性，要求员工要有很强的学习欲望和学习能力，不懂没关系，只要有强烈的学习意识、有悟性和灵性，他们就会给他机会。

用友软件公司选才本着"专业、敬业、创业、务实、诚信、创新" 6项基本标准。他们认为，每个人在自己的本职工作中，都必须具有很强的专业能力和专业水平，必须是专家。敬业是现代职业人的重要品质，再宏伟的工程都只有通过勤勉努力地工作才能成功。创业是要有勇气去开创新业务，去建立全新的目标。用友人要有志气叫板国际对手。

明基电通从1999年起每年都要从全国各地的高校中招聘一百多名应届毕业生。中国营销总部的曾总说，他们挑选新人的主要依据是看学生的价值观和本人的素质。他们并不很注重学生在学校的专业和学习成绩，而是看重学生在学校的社团活动经验和社会实践经验，从中观察是否符合明基的文化，是不是"平实务本、追求卓越、关怀社会"。

连邦软件公司选人看重学习能力和忠诚度。副总经理张先生指出，IT行业发展迅速，连邦需要那种可以迅速适应技术和市场变化、适应行业发展的员工，这必须以较强的学习能力为基础。同时极其重视员工的忠诚度，因为连邦有自己的长远战略，希望建成百年老店。因此，他们希望员工来公司不只是找一份工作谋生，而是把连邦当成自己事业的一部分。干工作与干事业是两种截然不同的工作状态。

微软认为，公司的首要任务就是寻找致力于通过软件的开发来改善人们生活的人才，不管这样的人生活在何处。这种人其实就是有理想、有抱负、有追求的人才。微软选拔人才是放眼于全世界的。

IBM认为，只要学习能力强、情商不错，就可以考虑。在面试时，IBM很看重人的正直和诚实。此外，应聘者是否自信也很重要。在激烈竞争条件下，一个企业的成功既来自

第二单元　就业准备

灵感的创造，又来自严格的管理。

迪士尼是将二者成功结合并运用的典范。从梦想开始，用坚定的信念、非凡的勇气，敢于不断将梦想和想象变为现实的行动，是迪士尼成功的秘诀。"梦想、信念、勇气、行动"是迪士尼的4项基本管理原则和理念。梦想是创造的源泉；信念是创新的前提；勇气是成功的保证；行动才能把梦想变为现实。

什么样的毕业生不被看好

某国企人力资源部：眼高手低、急功近利、不负责任，是许多毕业学生身上存在的最让用人单位头疼的问题。例如：有些新员工在工作时间玩游戏，用办公电话"煲电话粥"，还有的上班第一天就迟到，不懂得待人接物的基本礼仪。因此，我们企业给新员工上的第一课就是培养踏实的工作作风，加强纪律观念。其次，就是没有哪个企业愿意招用一个跳槽频繁的员工，那样等于浪费公司的人力成本和时间。

某大型软件公司：管理学中有名的"二八定律"说的是企业80%的利润主要由企业中20%的人创造出来。而这20%的人大多数是在单位工作了5年以上的职员。刚进单位不久的毕业生正处于"前人栽树，后人乘凉"的享受阶段，本应该勤勤恳恳、埋头工作，使自己能为组织做出贡献，体现自身价值。可是，有的毕业生进单位没多长时间，不仅工作上挑三拣四、拈轻怕重，而且还向单位提出种种要求，这叫企业怎么吃得消？

蒙牛总裁牛根生：我只干了一件事：种草、养牛、挤牛奶。养牛时做的是这件事，当工人时做的也是这件事，自己创业后做的还是这件事。同样的道理也体现在体育行业。试问在体育比赛上，哪个世界冠军不是只做一个领域的项目？至今我还没听说过乒乓球冠军同时夺得举重第一，或者射击冠军同时拔得游泳头筹的案例。

某中小型企业：学校培养的人才到了企业都要进行两三年的培训，才能独立适应岗位的要求。企业要花费大量的人力、财力、物力进行培训，有的毕业生受不了这种磨炼，流失比较多。"我们不找最优秀的，而是找最合适的。我们要的是心态好，有上进心，踏实肯干的中上等毕业生。"

信念的改变需要时间，能力的培养需要时间，态度和良好习惯的养成更需要时间。如果从今天开始去尝试改变，那么未来你就是名企需要的人。

第一讲 企业需要什么样的员工

注意事项

如果

你只是打文件，而不确定数字的正确性，不注意格式的美观，不关心字有没有打错；

你只是接电话，而不注意自己说话的语气与态度，从未希望客户有满意的感觉；

你只是认为自己就是自己，就是普通的一员，从未想过自己的一言一行代表上级、老板、公司……

那么，你不够格做一个称职的助理，你的工作任何人都可以取代。

如果

谈了很久，从未想过为什么迟迟不能签合同，差到哪里；

客户多人，订单多了，从未想过是什么原因，随波逐流；

客户少了，从未想过什么原因，毫无行动；

从未想过在客户或合作伙伴面前，表现得更专业，更守信；

工作不规则，无计划，时间不管理，成本不控制，客户不沟通；

认为开发新客户、新市场是麻烦的，痛苦的……

那么，你不够做一个称职的业务人员，你是大家的负担。

如果

你从未把客户需求当作是非常的重要；

你不把客户抱怨当作优先解决的事项，主动追查检查；

你时常说话反复不算数，不准时完成与客户的约定，让客户永远都等你；

对反映问题的部门或是个人，你总是嫌他烦；

你说他太挑剔，不愿理睬；

经常把很麻烦、很困难、不想做、不可能挂在嘴边；

每天上班工作只是例行公事，不主动找事做、找问题，不改善工作品质，不想着如何创新让自己的工作更有质量和效率……

那么，你不是一名合格的部门负责人，与你共事，大家很疲劳。

如果

你从未将部门业绩目标时时放在心上；

第二单元　就业准备

你从未想过个人业绩攸关部门目标达成；

你只是一味的工作，对公司很多事漠不关心；

你总是抱着得多少就做多少的态度；

你对公司各方面有想法，或自己有问题，不和上级或人事部门诉说或请求帮助，而是和同事抱怨；

你有很好的想法和建议，却不积极提出你的建议；

你对自己的工作没有很好的计划，只是一味地听从领导的安排，而不会主动安排自己的工作。不会自己学习，不愿意学习，喜欢做一天和尚撞一天钟；

你只是把工作当成赚钱的途径，而不是把工作当成自己的事业……

那么，你不是一名优秀的员工。

说说企业究竟需要什么样的员工？

第二讲　自我定位与职业匹配

在职业生涯规划过程中，有一个相当重要的阶段就是进行自我分析。有效的职业生涯规划应从自我认识开始，然后才能谈到建立可实现的目标，并确定怎样达到这些目标。所谓自我分析也就是对自己进行全面的分析，通过自我剖析来认识自己，了解自己的性格，判断自己的情绪；找出自己的特点，发现自己的兴趣；明确自己的优势，找出自己的差距。因为只有认识了自己，才能用己之长，避己之短，才能对自己的职业或岗位做出正确的选择，才能对自己的目标做出最佳抉择和合理规划。因此，自我分析是职业生涯规划的基础，也是职业定位的第一步。

自我定位

引例

小李是计算机专业的学生，当年报考专业的时候，冲着计算机是个热门就读了这个专业，但3年下来，自己觉得并不喜欢，每次考试也是勉强过关。

要找工作了，放弃自己的专业吧，小李不太情愿，毕竟学了3年。选择其他职业吧，自己也不知道做什么好，况且也担心自己缺乏专业上的优势，一个门外汉哪能和科班出身的学生竞争呢？因此，小李就想找个月薪1000多元的工作或者好一点的企业先干着。但招聘会跑了很多，简历也投得不少，找来找去却找不到符合自己要求的岗位，眼看着周围的同学一个个有了着落，小李忧心忡忡。

案例分析

在小李的身上，可以看到应届毕业生在求职时的突出问题——盲目。应届毕业

第二单元　就业准备

生求职首先考虑的是找到一个"饭碗",生存需求是第一位的。这时"发展"方面就是次要的。缺乏准确的职业定位,盲目就业是发展受挫、人职不匹配等种种"后遗症"的根本原因。

一、自我定位的必要性

自我定位,是指一个人对自己有着较为明确的了解和估价,既能实事求是地认识到自己的有利条件、能力和才干以及经过努力所能达到的目标,又能看到自己的不利条件、短处和制约因素以及经过努力后也不能达到的目标,并在此基础上,合理、科学地安排自己的计划、行动和目标。

合理而正确的自我定位所带来的结果是个人能够根据自己的实际能力和才干,根据客观条件和环境的冷静分析制定自己的目标并迈步去实现它。而其中重要的一点就是,每个学生在实现自我选择的目标时,都应本着开拓自我、充分发挥自我主观能动性这一原则去实现,而不是消极等待目标的自动实现。

学会自我定位,在实际工作中就可以正确地分析和评价自己,并根据自己的具体情况和条件确立奋斗目标。学会自我定位,能防止因对自己做出过高或过低的不适当评价而导致的自傲、抑郁以及失意、挫折等不良的个性变化,帮助自己正确认识到理想自我和现实自我之间的关系,使前进的每一步都更扎实和稳妥。

二、准确自我定位的方法

1. 准确把握自身优势

首先是明确自己的能力大小,给自己打打分,看清自己的优势和劣势,这就需要进行自我分析。通过对自己的分析,旨在深入了解自身,根据过去的经验选择、推断未来可能的工作方向与机会,从而彻底解决"我能干什么"的问题。只有从自身实际出发、顺应社会潮流,有的放矢,才能马到成功。要知道个体是不同的、有差异的,我们就是要找出自己与众不同的地方并发扬光大。定位,就是给自己亮出一个独特的招牌,让自己的才华更

第二讲 自我定位与职业匹配

好地为单位所认识。自己的认识分析一定要全面、客观、深刻，绝不回避缺点和短处。你的优势，即你所拥有的能力与潜力所在。

（1）我学习了什么？——在校期间，我从学习的专业中得到了什么收益？参加过什么社会实践活动？提升了哪方面能力？专业也许在未来的工作中并不起多大作用，但在一定程度上决定自身的职业方向，因而尽自己最大努力学好专业课程是职业生涯规划的必要条件之一。不可否认知识在人生历程中的重要作用，特别是在知识经济日益受到重视的今天会得到满意的结果。

（2）我曾经做过什么？——即自己已有的人生经历和体验，如在校期间担当过学生干部，曾经为某组织工作过等社会实践活动，取得的成就及经验的积累，获得过的奖励等经历是一个人最宝贵的财，往往从侧面可以反映出一个人的素质、潜力状况，因而备受招聘人员的关注，同时这也是自我简历的亮点所在和重要组成部分，绝对忽视不得。

（3）我最成功的是什么？——我做过很多事情，但最成功的是什么？为何成功的，是偶然还是必然？是否自己能力所为？通过对最成功事例的分析，可以发现自我优越的一面，比如坚强、果断、智慧超群，以此作为个人深层次挖掘的动力之源和魅力闪光点，形成职业规划的有力支撑。寻找职业方向，往往是要从自己的优势出发，以己之长立足社会。

中职毕业生大部分比较踏实肯干，实践能力较强，比较珍惜来之不易的就业机会，稳定性相对较好，因此在求职过程中应充分发挥自身优势，认清自己的长处和弱点，扬长避短。与大学毕业生相比较，中职生就业也有自身的优势，见表2-1。

表2-1 中职生与大学生择业优势对比

能力	大学生	中职生
专业基本素质	普遍较扎实评价指数：★★★★★	总体相对较弱评价指数：★★★★
知识面	视野较为宽阔，知识面较宽评价指数：★★★★	限于办学条件和学历层次，视野相对较窄，但不排除个别学生积极接触社会评价指数：★★★
动手实践能力	部分学生眼高手低评价指数：★★★	大部分比较踏实肯干，但缺乏足够的自信评价指数★★★
待遇要求	对薪水、待遇要求较高评价指数：★★★	对薪水、待遇的要求较为实际评价指数：★★★

第二单元　就业准备

续表

能力	大学生	中职生
自我定位	对工作性质等要求较高，往往这山望着那山高评价指数：★★★	就业态度比较务实，以能找到就业岗位为基础出发点评价指数★★★
心理承受能力	心理承受能力较差，对逆境缺乏应变能力，容易产生焦虑、紧张、烦躁等情绪评价指数：★★★	危机意识较强，对可能面对的挫折有一定的心理准备和承受能力评价指数★★★
稳定性	有较高的自信，常考虑其他用人单位的吸引力，因此稳定性相对较差评价指数：★★	比较珍惜来之不易的就业机会，稳定性相对较好评价指数★★★

2. 努力发现自身不足

（1）性格的弱点。人都存在与生俱来的弱点，必须正视，并尽量减少其对自己的影响。比如，一个自我意识太强的人会很难与他人默契合作，而一个优柔寡断的人绝对难以担当组织管理者的重任。卡耐基曾说人性的弱点并不可怕，关键要有正确的认识，认真对待，尽量寻找弥补、克服的方法，使自我趋于完善。因此，要注意安下心来，多跟别人聊聊，尤其是与自己相熟的如父母、同学、朋友等交谈，看看别人眼中的你是什么样子，与你的预想是否一致，找出其中的偏差，这将有助于自我提高。

（2）经验与经历中所欠缺的方面。"人无完人，金无足赤"。由于自我经历的不同，环境的局限，每个人都无法避免一些经验上的欠缺，特别是面对招聘单位纷纷打出数年工作经验这一条件的时候。有欠缺并不可怕，怕的是自己还没有认识到或认识到而一味地不懂装懂。正确的态度是：认真对待，善于发现，努力克服不足。

3. 客观分析职业

（1）利于个人长期发展是关键。任何工作都需要适合的劳动力和人才，在市场经济中，求职者要选择职业，用人单位也要选择求职者，是双向选择。这就要求求职者从自己的实际出发，客观地分析、评估自己的文化素质、业务技能、性别特点、身体条件以及各类职业固有的标准、条件、要求，实事求是地选择自己力所能及的合适职业，并且所选职业要有利于自己潜能的发挥和事业的发展，不要盲目地去追求热门职业而影响自己才能的发挥。

（2）要以发展的眼光看待所学专业，不要轻易放弃专业。有的专业，现在看起来不受重视，但随着时间的推移，社会、经济需求的变化，很可能转变为很有发展的职业。像前些年许多学生都愿意到企业当白领、搞管理，而轻视技工、技师等蓝领职业，造成现如今蓝领职业人才的供不应求，以及其薪资待遇的提高，技术蓝领职业现如今俨然成为热门职业。因此，中职毕业生对自身所学专业一定要用发展的眼光来看待，不要轻易放弃。

4. 明确选择方向

通过以上自我分析认识，我们要明确自己该选择什么职业方向，即解决"我选择干什么"的问题，这是个人职业生涯规划的核心。职业方向直接决定着一个人的职业发展，职业方向的选择应按照职业生涯规划的4项基本原则，结合自身实际来确定，即选择自己所爱的原则（你必须对自己选择的职业是热爱的，从内心自发地认识到，"干一行，爱一行"，只有热爱它，才可能全身心地投入，做出一番成绩）、择己所长的原则（选择自己所擅长的领域，才能发挥自我优势，注意千万别当职业的外行）、择世所需的原则（所选职业只有为社会所需要，才有自我发展的保障）和择己所利的原则（应该本着"利己、利他、利社会"的原则，选择对自己合适且有发展前景的职业）。

职业生涯目标的确定，是个人理想的具体化和可操作化，是指可预想到的，有一定实现可能的最长远目标。按照马斯洛的需求层次理论，人一般具有生理需求（基本生活资料需求，包括吃、穿、住、行、用）、安全需求（人身安全，健康保护）、社交需求（社会归属意识、友谊、爱情）、尊重需求（自尊、荣誉、地位）、自我实现需求（自我发展与实现）5种依次从低层次到高层次的需求。职业目标的选择并无定式可言，关键是要依据自身实际，适合于自身发展。值得注意的是伴随现代科技与社会进步，个人要随时注意修订职业目标，尽量使自己职业的选择与社会的需求相适应，一定要跟上时代发展的脚步，适应社会需求。

5. 规划未来

（1）职业选择与自我发展计划。根据职业方向选择一个对自己有利的职业和得以实现自我价值的单位，是每个人的良好愿望，也是实现自我的基础，但这一步的迈出要相当慎重。正如西门子公司就特别鼓励优秀员工根据自身能力设定发展轨迹，一级一级地向前发展。他们认为最好的人才有很好的人生目标，不断激励自己，并提出"员工是企业内的企业家"的口号，给员工以充分施展才华的机会；随着职业、职务的变化，必须制订一个完善的自我发展计划以备应对选择一个什么样的组织；预测自我在组织内的职务提升步骤，

第二单元　就业准备

个人如何从低到高拾阶而上；预测工作范围的变化情况，不同工作对自己的要求及应对措施，如发展过程中出现偏差（工作不适应或解聘）的话，如何改变自己的方向；预测可能出现的竞争，如何相处与应对，分析自我提高的可靠途径。比如，你想从事销售工作并想有所作为，你的起步可能是一个公司的业务代表，你可以设定发展计划从业务代表做起，在此基础上努力，经过数年逐步成为业务主管、销售区域经理、销售经理，最终达到公司经理的理想生涯目标。

（2）职业生涯规划的时限。面对发展迅速的信息社会，仅仅制定一个长远的规划显得不太实际，因而有必要根据自身实际及社会发展趋势，把理想目标分解成若干可操作的小目标，灵活规划自我。一般说来，以5~10年的时间为一规划段落为宜，这样就会很容易跟随时代需要，灵活易变地调整自我，太长或太短的规划都不利于自身成长。具体可有两种方式：一是根据自己的年龄划分目标，如25~30岁职业规划；二是根据职业中的职位确定，以职务阶段性变化为划分标准制定不同时期的努力方向，如5年之内成为业务骨干，10年内成为车间主任等。

（3）自我肯定与进步。清楚地了解自我之后，就要对症下药。重要的是对劣势的把握、弥补，做到心中有数。着重分析：①问题产生的原因，是自身素质问题，人际关系问题，还是工作本身的问题；②自我修正的可能性与手段，可通过什么方式、方法，是知识学习、专门业务培训还是改变职业方向。

如何完善自我呢？一是加强学习。在竞争中立稳脚跟，必须做到善于学习，主动学习。在校期间，要针对自身劣势，制定出自我学习的具体内容、方式、时间安排，尽量落于实处便于操作；进入工作岗位后，要善于在实践中学习，主动利用组织开展的相应培训学习提高。二是实践锻炼。在校期间，主动参与学生活动，多接触各种人，不耻下问，锻炼自己能力欠缺的方面。尽量多看、多听、多写，把自己的收获体会用文字表达出来，这对提高自己更为有效。参加工作以后，更要主动在实践中锻炼才干，不断总结，不断提高。三是来自他人的帮助。家庭、同学、朋友、师长等都可以成为个人提高的有力支援，关键要学会求得他人帮助。对自己了解最深的莫过于你周围最亲密的人，多听听他们的经验与教训以及对自己的评价，尤其是注意他们对你的职业选择和通路发展的建议与评价。各类专业咨询机构在指导个人认识和选择职业方面都有一套比较完整的测评手段，也可以借助他们加深自我认识，全面了解。

第二讲　自我定位与职业匹配

职业匹配

人职匹配，即关于人的个性特征与职业性质的一致。其基本思想是，个体差异是普遍存在的，每一个个体都有自己的个性特征，而每一种职业由于其工作性质、环境、条件、方式的不同，对工作者的知识、能力、技能、性格、气质、心理素质等有不同的要求。如果匹配得好，则个人的特征与职业环境协调一致，工作效率和职业成功的可能性就大为提高。反之则工作效率和职业成功的可能性就很低。因此，对于组织和个体来说，进行恰当的人职匹配具有非常重要的意义。而进行人职匹配的前提是必须对自我的特性有充分的了解和掌握。

引例

有一个关于成功的寓言故事：为了像人类一样聪明，森林里的小动物们开办了一所学校。学校中有小鸡、小鸭、小兔、小山羊、小松鼠等。学校为它们开设了唱歌、跳舞、跑步、爬树和游泳5门课程。第一天上跑步课，小兔兴奋地在体育场里跑了一个来回，并自豪地说，我能做好我天生就喜欢的事！而看看其他小动物，有噘着嘴的，有沉着脸的。放学后，小兔回到家对妈妈说，这个学校真棒，我太喜欢了。第二天一大早，小兔蹦蹦跳跳来到学校，上课时老师宣布，今天上游泳课。只见小鸭兴奋地一下跳进水里，而天生恐水不会游泳的小兔傻了眼，其他小动物更没招了。接下来，第三天是上唱歌课，第四天是上爬树课……学校里每一天的课程，小动物们总有喜欢的和不喜欢的。

案例分析

这个寓言故事诠释了一个通俗的哲理，那就是"不能让松鼠去唱歌，让兔子学游泳"。要成功，兔子就应该跑步，鸭子就应该游泳，松鼠就得爬树。成功心理学的理论告诉我们，判断一个人是否成功，最主要看他是否最大限度地发挥了自己的优势。在职业生涯设计中，如果根据自己的长处选择职业并"顺势而为"地将自己

第二单元　就业准备

的优势发挥得淋漓尽致，就会事半功倍，如鱼得水；而如果像"让兔子学游泳"那样选择了与自己爱好、兴趣、特长"背道而驰"的职业，那么，即使后天再勤奋弥补，耗费了九牛二虎之力，也是事倍功半，难以补拙。每个人在职业选择的同时，事实上也正是职业对于某个人的选择。因此，在这方面，我们完全可以说：人与职业其实是相互关联的一对。要较好地完成职业选择，就必须求得人与职业两者间的相互一致、相互适应，这就叫人职匹配。

人职匹配一般分为两种类型：一是人格特性与职业因素的匹配，二是人格类型与职业因素的匹配。

人格特性与职业因素的匹配，指的是依据人格特性及能力特点等条件，寻找具有与之相对应因素种类的职业选择与指导。这条理论由美国波士顿大学教授帕森斯创立。人格类型与职业因素的匹配则是将人格与职业均划分为不同的大类型，让属于某一类型的人去选择相应类型的职业，由美国职业知道专家霍兰德（Holland）提出。实践中应用得最多且准确性较高的为后一种。

根据霍兰德的理论，所有职场中的人的职业兴趣大致可分为以下6种类型。

（1）**技艺型**，即动手型，通常用R表示。这类人喜欢从事技艺性或机械性的工作，能够独立钻研业务、完成任务，长于动手，并以"技术高"为荣；其不足之处是处理人际关系能力稍弱。一般而言，飞机机械师、机器修理工、自动化技师、机床操作工、X光机技师、鱼类专家、火车司机、汽车司机、机械工人、制图员、电器师、农民、电工、木工等，都属于这一类型。

（2）**调研型**，即动脑型，通常用I表示。这类人喜欢从事思考性、智力性、独立自主性的工作，往往有较高的智力水平和科研能力，注重理论；不足之处是不重视实际，考虑问题偏于理想化，领导、说服他人的能力也相对较弱。一般而言，计算机程序设计师、技术发明人员、科学报刊编辑、科技文章作者、科研人员、动植物学者、天文学者、地质学者、气象学者、物理学者、化学者、数学者、药剂师、实验员等，都属于这一类型。

（3）**艺术型**，即表演型，通常用A表示。这类人喜欢通过各种媒介（比如绘画、表演、写作等）来表达自我的感受，其审美能力较强，感情丰富，较容易冲动，不大愿意顺从他人；不足之处是往往缺乏实用技术。一般而言，室内装饰专家、音乐教师、作曲家、摄影师、

第二讲　自我定位与职业匹配

作家、画家、演员、诗人、记者等，都属于这一类型。

（4）**社会型**，即服务型，通常用 S 表示。这类人喜欢与人交往，乐于助人，关心社会问题，常出席社交场合，对公共服务与教育活动颇感兴趣；不足之处是往往缺乏机械技艺能力。一般而言，福利机构工作者、社会科学教师、公共保健护士、社会工作者、心理医师、咨询人员、学校领导、导游等，都属于这一类型。

（5）**企业型**，即管理型，通常用 E 表示。这类人性格外向，精力充沛，直率果敢，敢于冒险，但自身的科研能力较差。一般而言，广告宣传员、饭店经理、政治家、营销员、采购员、调度员、律师、校长等，都属于这一类型。

（6）**常规型**，即普通型，通常用 C 表示。这类人喜欢从事有条有秩序'的工作，办事讲求准确性，按部就班，循规蹈矩，踏实稳重，不愿独立负责或指挥他人，却乐意接受指挥；不足之处是容易偏于保守，为人拘谨，缺乏创新精神。一般而言，图书或档案管理员、计算机操作员、法庭书记员、成本估算员、办公室职员、记账员、统计员、打字员、出纳员、会计员、文员等，都属于这一类型。

由上不难看出，每一种类型的人都既有自己的长处，也有自己的弱项。这些长处或弱项无所谓好坏，但站在社会与职业的角度，却存在着一个讲究协调、匹配的问题。从科学地利用自然资源与加速个体成功的角度上看，匹配适宜，两方面相得益彰，自然就如虎添翼；反之，就难免造成不必要的抵触或抵消了。

小测试

测定你的人格类型，确定你适合的职业。表 2-2~ 表 2-7 可以帮助你了解自己的人格类型。根据每组问题回答，如果答是，则在该组加 1 分，最后将得分最高的那组记下来表示你属于那种类型。

表 2-2　第一组现实型

序号	问题	是	否
1	你喜欢把一件事情做完后再做另一件事吗？		
2	你喜欢在做事情前，对此事做出细致的安排吗？		

续表

序号	问题	是	否
3	你喜欢修理家具吗？		
4	你喜欢出头露面、引人注目吗？		
5	你喜欢使用锤子一类的工具吗？		
6	你喜欢做实际工作吗？		
7	你动手能力强吗？		
8	你怕难为情吗？		
9	你喜欢修电器或做罐头吗？		
10	你喜欢修自行车吗？		

表 2-3　第二组研究型

序号	问题	是	否
1	你喜欢解决数学难题吗？		
2	你认为自己更多的是属于思考型而不是情感型的人吗？		
3	你具有研究自然科学的能力吗？		
4	你喜欢对难题做出深入的研究和探讨吗？		
5	你喜欢独自做实验吗？		
6	你喜欢独立工作吗？		
7	你喜欢生物课程吗？		
8	你喜欢自然科学研究方面的工作吗？		
9	你喜欢阅读自然科学杂志吗？		
10	你喜欢物理课程吗？		

表 2-4　第三组社会型

序号	问题	是	否
1	你喜欢社会活动吗？		
2	你喜欢与人协作吗？		

续表

序号	问题	是	否
3	你具有较强的口头表达能力吗？		
4	你能帮助后进甚至是犯错误的同学吗？		
5	你喜欢结交朋友吗？		
6	你具有冒险精神吗？		
7	你喜欢售货吗？		
8	你善于为自己的观点辩护吗？		
9	你喜欢组织活动吗？		
10	你喜欢当经理吗？		

表2-5 第四组企业型

序号	问题	是	否
1	你喜欢行政工作吗？		
2	你喜欢在许多人面前发表言论吗？		
3	你喜欢推销商品吗？		
4	你喜欢参加会谈吗？		
5	你善于做别人的思想工作吗？		
6	你喜欢照顾别人吗？		
7	你爱交际吗？		
8	你责任心强吗？		
9	你对教育感兴趣吗？		
10	你对咨询工作感兴趣吗？		

表2-6 第五组艺术型

序号	问题	是	否
1	你喜欢写诗或小说吗？		
2	你喜欢绘画吗？		

第二单元　就业准备

续表

序号	问题	是	否
3	你具有音乐、艺术和戏剧方面的才能吗？		
4	你喜欢记者工作吗？		
5	你具有唱歌、跳舞方面的特长吗？		
6	你喜欢写作文吗？		
7	你具有丰富想象力吗？		
8	你是一个感情丰富的人吗？		
9	你喜欢独立完成任务吗？		
10	你能创新吗？		

表2-7　第六组常规型

序号	问题	是	否
1	你喜欢有条不紊的事务性工作吗？		
2	你喜欢遵照上级的指示做细致的工作吗？		
3	你做一项工作，既仔细又有效吗？		
4	你喜欢办公室的统计工作吗？		
5	你喜欢作分类工作吗（诸如书刊、邮件分类等）？		
6	你是一个沉静的人吗？		
7	你善于整理吗？		
8	你喜欢打字工作吗？		
9	你喜欢记账吗？		
10	你喜欢收款工作吗？		

下面是6种人格类型及相应的职业。

（1）**现实型**：这种类型的人喜欢有规则的具体劳动和需要基本技能的工作，但缺乏社交能力。适合从事的工作主要是熟练的手工工作和技术工作，在西方常被看作"蓝领职业"。如木匠、铁匠、鞋匠、产业工人、运输工人、机械工、电工、司机、报务员、制图员等。

（2）**研究型**：这类人喜欢智力的、抽象的、分析的、推理的和独立的定向任务，但缺乏领导能力。这类人所适合的工作主要是科学研究和实验工作，包括科研人员，如气象学者、天文学家、生物学家、地质学家、物理学家、化学家、数学家、实验员等。

（3）**艺术型：** 这类人喜欢通过艺术作品来达到自我表现的目的。感情丰富，善于想象，对艺术创作感兴趣，但缺乏办事员的能力。所适合从事的工作如室内装饰、图书管理、诗人、作家、演员、记者、音乐家、摄影师、书画、雕塑、舞蹈等各类文艺工作者。

（4）**社会型：** 对社会交往感兴趣，愿意出入社交场所，关心社会问题，愿为别人服务，但缺乏机械能力。所从事的职业是为人办事的工作，即教育人、医治人、帮助人、服务于人的工作。如教师、医生、护士、服务员、保姆、社团工作者、思想政治工作者等。

（5）**企业型：** 这类人性格外向，对冒险活动的领导角色感兴趣，具有支配、劝说和使用语言的技能，缺乏的是科学研究能力。适合的工作如国家机关及工作机构的负责人、党团干部、经理、厂长、律师、推销员、广告宣传员、调度员等。

（6）**常规型：** 这类人对系统的有条理的工作任务感兴趣，讲究实际，缺乏艺术能力。他们习惯选择传统的社会承认的工作目标及任务，即与组织机构、文件档案和日程表之类的东西打交道的工作。如办公室办事员、图书管理员、税务员、核对员、打字员、统计员、出纳员、商店收款员、邮电工作者、秘书等。

（1）客观分析自身的优势、缺陷、特长、兴趣等。

（2）试着做一做自己的职业匹配。

第三讲　职业素质与职业能力

引例

呼和浩特铁路局集宁工务段福生庄养路工区的先进事迹被媒体报道后，在社会上引起了强烈反响。2007年4月4日，内蒙古自治区党委常委、宣传部部长乌兰来到呼和浩特铁路局集宁工务段福生庄养路工区考察工作，乌兰深入考察了福生庄养路工区养路工人的工作、生活和学习情况，听取了呼铁局及福生庄养路工区的工作汇报，对一线养路工人表示亲切慰问。福生庄养路工区位于乌兰察布市卓资县境内京包铁路571千米处，所负责养护的26千米铁路线，具有坡度大、曲线多、转弯半径小、自然条件恶劣等特点。福生庄养路工区三代养路工人以高度的责任感和艰苦奋斗、严守规章、勇创一流的精神，实现了58年安全生产无事故，居全国铁路干线养路工区安全天数第一。乌兰指出，福生庄养路工区养路工人在自然环境艰苦、地形地势繁杂、养护任务繁重的条件下，坚持刻苦学习不放松，坚持优良传统不能丢，坚持规章制度不走样，坚持苦干、实干、拼命干，创造了工区组建至今58年安全生产无事故的纪录，为内蒙古自治区铁路平安建设和经济社会发展做出了巨大的贡献。福生庄养路工区养路工人的事迹可歌可泣、工作成绩可圈可点、奉献精神难能可贵，展示出当代铁路工人良好的精神风貌。乌兰指出，福生庄养路工人的先进事迹和可贵精神，不但在全区铁路系统具有积极意义，更值得各地区各行业认真学习。希望各地区、各行业深入学习福生庄养路工人甘作道石不言苦的奉献精神，学习他们严守规章不走样的敬业精神和苦练业务基本功的进取精神。把学习他们的先进事迹与自身工作实践紧密结合起来，激发干劲、争先创优，以优异的工作成绩和良好的精神风貌为内蒙古自治区成立60周年献礼。

第三讲　职业素质与职业能力

案例分析

　　平凡的岗位，创出不平凡的事迹，正是这一批可贵的铁路人的真实事迹。他们有着良好的综合素质，既有过硬的职业素质，又有着优秀的职业技能，现在的社会就需要他们这种高度的责任感和艰苦奋斗、严守规章、勇创一流的精神，坚持刻苦学习不放松，坚持优良传统不能丢，坚持规章制度不走样，坚持苦干、实干、拼命干的工作劲头。从中我们能学到些什么呢？

　　随着社会生产力的进步和社会分工的高速发展，职场需要也在发生着迅速的变化，但对于基本的职业素质和职业能力的要求依然。从近几年人才市场和就业形势反馈的信息看，很多用人单位选人重才更重德，把综合职业素质放在首位，专业职业能力较强，具有事业心、责任感和吃苦奉献精神的毕业生成了首选目标。如IBM对员工的期望是：必胜的决心、又快又好的执行能力、团队精神；诺基亚是过硬的专业水平、业务水平和技术背景，良好的沟通能力、创新能力以及灵活性等；西门子是：良好的考试成绩、丰富的语言知识、广泛的兴趣、强烈的好奇心、有改进工作的愿望，以及在紧急情况下的冷静沉着和坚毅顽强。"德、智、体、美、劳全面发展，具有综合职业能力"是我国对中等职业学校培养学生的期望和要求，"学有所长，敢于创新"是当今中职毕业生求职立足的根本，也是社会发展的，代主题。

　　那么，如何培养和提高自身职业素质与职业能力呢？

　　（1）明确学习目的，端正学习态度。中职生要抓紧有限的时间努力学好自己的专业知识，为以后的就业打下坚实的基础。

　　（2）要养成良好的行为习惯。这就要求同学们平时养成不迟到、不旷课、不早退，严格遵守校规校纪的习惯。但凡好的单位，他们的规章制度往往是很严格的。遵守厂规厂纪，需要具有较强的组织观念。如果毕业生不能适应，轻则扣工资，重则除名。

　　（3）定位准确，低调做人，踏实做事。首先你要摆正自己的位置，想到自己的不足，专业知识和专业技能都还很薄弱，到单位去了是要继续学习、继续磨炼的。有了这种低调的心态，你就会对工作岗位不会有过高的要求，对于工作会更积极主动，任劳任怨。这样才更有利于你今后的发展。

第二单元　就业准备

（4）学会处理社会人际关系，做好这方面的心理准备。参加工作意味着我们走出了学校单纯的环境，走向了社会的大舞台，同事关系、上下级关系，不像同学关系、师生关系那么容易相处。我们要重视人际交往，懂得与人团结合作的原则，要认识到和谐融洽的人际关系的原则是以诚待人，为人处世要以诚信为准则，诚信既包括客观评价自己与他人，坦率的表露心迹，也包括待人赤诚相见，诚实守信的人最容易被社会所接纳，背信弃义的行为是人们所不齿的。现代社会的发展注重人与人之间的合作，需要的是团队精神。不要事事以自我为中心，要以全局为重，处事要考虑到别人。

（5）要做好角色转换的心理准备。毕业生从小到大已经习惯了轻松的学生生活，养成了依赖心理、自律不严的习惯。而工作之后，身份转变了，环境改变了，那就必须严格遵守单位的规章制度，担负起员工的责任和义务。一开始可能很难适应角色的迅速转变，精神压力较大。有的学生甚至认为社会是冷酷的，人与人之间是无情的，产生了悲观失望的情绪，这就要求我们在校期间就应该对自己提出高标准严要求，面临困难和问题时不要总想依赖别人的帮助，要培养自己独立吃苦的精神。只有这样，我们以后才能在工作岗位上站稳脚跟，为自己的事业迈向更高阶层奠定良好的基础。

机遇总是垂青于有准备的人，一个人综合素质的高低，将决定他求职择业的层次与自由度。而综合素质的提高，不是一朝一夕就能做到的，也不是靠毕业前的突击武装能解决的。它要求毕业生要转变观念，增强竞争意识，从入学到毕业按较高的要求有针对性、分阶段地不断充实自己、完善自己，逐步提高自身的综合素质，成为择业竞争中的强手。

相关知识

职业素质

职业素质（Professional Quality）是劳动者对社会职业了解与适应能力的一种综合体现，

第三讲 职业素质与职业能力

其主要表现在职业兴趣、职业能力、职业个性及职业情况等方面。影响和制约职业素质的因素很多，主要包括：受教育程度、实践经验、社会环境、工作经历以及自身的一些基本情况（如身体状况等）。一般说来，劳动者能否顺利就业并取得成就，在很大程度上取决于本人的职业素质，职业素质越高的人，获得成功的机会就越多。职业素质是人才选用的第一标准，是职场制胜、事业成功的第一法宝。

（一）职业素质的主要内容

（1）身体素质：指体质和健康（主要指生理）方面的素质。

（2）心理素质：指认知、感知、记忆、想象、情感、意志、态度、个性特征（兴趣、能力、气质、性格、习惯）等方面的素质。

（3）政治素质：指政治立场、政治观点、政治信念与信仰等方面的素质。

（4）思想素质：指思想认识、思想觉悟、思想方法、价值观念等方面的素质。

（5）道德素质：指道德认识、道德情感、道德意志、道德行为、道德修养、组织纪律观念方面的素质。

（6）科技文化素质：指科学知识、技术知识、文化知识、文化修养方面的素质。

（7）审美素质：指美感、审美意识、审美观、审美情趣、审美能力方面的素质。

（8）专业素质：指专业知识、专业理论、专业技能、必要的组织管理能力等。

（9）社会交往和适应素质：主要是语言表达能力、社交活动能力、社会适应能力等。社会交往和适应素质是后天培养的个人能力，职业素质的另一核心之一，侧面反映个人能力。

（10）学习和创新方面的素质：主要是学习能力、信息能力、创新意识、创新精神、创新能力、创业意识与创业能力等。学习和创新是个人价值的另一种形式，能体现个人的发展潜力以及对企业的价值。

（二）职业素质的主要特征

1. 职业性

不同的职业要求的职业素质是不同的。对建筑工人的素质要求，不同于对护士职业的素质要求；对商业服务人员的素质要求，不同于对教师职业的素质要求。李素丽的职业素质

第二单元　就业准备

始终是和她作为一名优秀的售票员联系在一起的，正如她自己所说："如果我能把10米车厢、3尺票台当成为人民服务的岗位，实实在在去为社会做贡献，就能在服务中融入真情，为社会增添一份美好。即便有时自己有点儿烦心事，只要一上车，一见到乘客，就不烦了。"

2. 稳定性

一个人的职业素质是在长期执业实践中日积月累形成的。它一旦形成，便产生相对的稳定性。比如，一名教师，经过三年五载的教学生涯，就逐渐形成了怎样备课、怎样讲课、怎样热爱自己的学生、怎样为人师表等一系列教师职业素质，于是，使保持相对的稳定。当然，随着他继续学习、工作和环境的影响，这种素质还可以继续提高。

3. 内在性

职业从业人员在长期的职业活动中，经过自己学习、认识和亲身体验，觉得怎样做是对的，怎样做是不对的。这样，有意识地内化、积淀和升华的这一心理品质，就是职业素质的内在性。我们常说广把这件事交给小张师傅去做，有把握，请放心。人们之所以放心他，就是因为他的内在素质好。

4. 整体性

一个从业人员的职业素质是和他整个素质有关的。我们说某某同志职业素质好，不仅指他的思想政治素质、职业道德素质好，而且还包括他的科学文化素质、专业技能素质好，甚至还包括身体心理素质好。一个从业人员，虽然思想道德素质好，但科学文化素质、专业技能素质差，就不能说这个人整体素质好。相反，一个从业人员科学文化素质、专业技能素质都不错，但思想道德素质比较差，同样，我们也不能说这个人整体素质好。所以，职业素质一个很重要的特点就是整体性。

5. 发展性

一个人的职业素质是通过教育、自身社会实践和社会影响逐步形成的，它具有相对性和稳定性。但是，随着社会发展对人们不断提出新要求，人们为了更好地适应、满足、促进社会的发展的需要，总是不断地提高自己的职业素质。所以，职业素质具有发展性。

二、职业能力

何谓职业能力呢？显性的职业能力主要指从业者就该岗位所要求的各种实际操作能力

第三讲 职业素质与职业能力

比如，相应的教育背景、各种应用设备的操控能力、语言文字的表达能力、沟通协调能力等。而隐性的职业能力则包括学习思考能力、总结创新能力、经营管理能力以及自我管理和不断进行自我完善的能力等。

那么又何谓职业素养呢？显性的职业素养主要指能够按照职业标准和该岗位所制定的各种相关规章制度来约束自己的言行举止。而隐性的职业素养则包括职业道德、职业态度、个人修养以及世界观、人生观、价值观等各种潜在的意识形态，一般泛指从业者的内涵部分。

职业能力和职业素养是两个概念，但二者有着必然的联系，互相影响，互相作用。因此，在综合考评一个从业者时，必须同时兼顾对其职业能力和职业素养进行全面的考核，尤其是对其隐性部分的考核与评价，才能最终反映一个人的综合能力与水平。

一个人的职业能力和职业素养水平关乎着这个人的职业前途，而一个群体的职业能力和职业素养水平则直接关乎着一个企业的生死存亡。更进一步说，一个企业的生死存亡对其所处的行业、所在的领域都会产生一定程度的影响。有一个案例可以证明这一点：欧典地板由于管理者进行虚夸大宣传，经中央电视台 3.15 晚会揭出真相之后，导致整个复合地板行业都受到了一定程度的负面影响和冲击。

还是从上面提到的欧典地板说起。欧典地板的管理者正是由于职业道德修养水平低，再加上错误的价值观和职业态度，怀着侥幸的心理，认为弄虚作假、不择手段、急功近利可以将企业经营好、发展好，最终导致企业付出了惨痛的教训和巨大的损失，而且对整个行业的健康发展都带来了极坏的影响。那些由于职业能力水平差而导致企业经营管理失败的案例更是层出不穷，所认，毋庸置疑，综合提高从业者的职业能力和职业素养水平是非常重要的。

我们所说的职业技能，是指人在职业活动范围内需要掌握的技能。我们以它是否与就业活动相关来界定。以机动车驾驶能为例，个人日常生活中驾驶，仅是一种生活技能，而靠开车为职业，则是一种职业技能。

人的技能结构层次上最外端的表现形式是动作能力。按动作划分，人的技能基本上划为两大类，即言语技能和肢体技能。在职业活动里，教师和心理咨询师主要靠言语技能；机械维修人员主要靠肢体技能。实际上，两类技能对所有的职业活动都是不可或缺的。人的职业能更多的是靠知识的运用、信息的掌握和人际关系的协调。这种形式的技能被人们

第二单元　就业准备

称之为心智技能。心智技能的出现，反映了在新的经济条件下职业技能的变化。

由于科技发展日新月异，就业压力的增大，社会对中等职业教育提出了越来越高的要求：对于学生除了要有较高的价值观念、道德水准、意志品格、心理情感、合作意识和集体主义精神，还要有专业能力、技术应用和可持续发展的能力等。面对这样的客观市场，如何使学生的职业能力得到发展是一个很重要的问题。

综合职业素质和专业职业能力水平的高低直接决定了个人和企业的未来发展，同时也直接影响了个人和企业的核心竞争力水平。

人生是个大舞台。在人生这个大舞台中，作为中职毕业生，要想真正发挥自己的作用，担负建设祖国未来的历史使命，就应树立远大的职业理想，永远牢记"天将降大任于斯人也，必先苦其心志，劳其筋骨，饿其体肤，空乏其身，行拂乱其所为，所以动心忍性，增益其所不能"的至理名言。全面提高"身体素质、心理素质、政治素质、思想素质、道德素质、科技文化素质、审美素质、专业素质、社会交往和适应素质、学习和创新素质"。构建合理的智能结构，学有所长，把握机遇，迎接挑战，才会真正让职业生涯永放光芒，拥有最为辉煌的明天。

分析一下自身的职业素质和职业能力

第四讲　树立正确的就业心态

引例

就业指导训练中，老师模拟企业招工时会向学生提出一些问题。比如说，"你愿意在我公司从最低的职位干起吗？""有一个职位，待遇比较高但是几年都难以调整，而另一个职位开始待遇比较低，不过比较有发展空间，你会选择哪一个？""公司职工宿舍比较拥挤，伙食也不好，不过很快会好起来的，如果你愿意，你可以和我们一起来改造它。"可是一些学生给出的答案却是千奇百怪。比如说，有的同学只看公司的待遇如何，一个月能给我多少钱？还有的同学会提出一些次要的问题，公司的职工宿舍是几人间？能用热洗澡吗？食堂离公寓远不远？你们食堂的伙食能不能满足我们北方人的口味？只有很少一部分学生给出的答案是令人满意的。就是这样一些简单的问题，却能反映出现阶段学生的就业心态。

一位毕业后多年的学生这样说："曾经有一份不错的工作放在我的面前，但我没有珍惜，等到醒悟时，我追悔莫及。如果上苍能给我重新来过的机会，我会对它说3个字：我签你。如果非要为这份工作加上一个时限，我希望那是一万年……"

案例分析

对"就业心态"通俗地理解，就是先干起来，站稳了脚，学会了技术，再看有无新的选择。可是，现在不少同学的想法则是在"报酬"上计较得多，绝大多数同学认为眼前的收入才是最关键的。先就业后择业，不完全是应对严峻就业形势的无奈之举。"先学会自立，减轻家庭负担，站稳脚跟后再觅良机。""仅仅完成了学业是远远不够的，只有在工作中才能发现自己缺什么，赶紧学习新东西，才能适应市场的需要。""社会为人才创造了流动的环境，今天的选择不是终身的选择，是金子

第二单元　就业准备

总会发光。"……这些是更实际的想法，有着初生牛犊不怕虎的勇气，也有着认真考虑后的成熟与稳重。

对于尚未拿到毕业证已经开始找工作的学生，或刚刚走出校门进入社会的许多年轻人，都有比较高的追求，对自己也看得比较高，觉得自己不含糊、很了不起。但是，实际情况怎样呢？很多企业对刚毕业的学生的评价都是"眼高手低"。什么意思呢？就是眼睛看得高，动手能力较差，以为自己很优秀，其实许多实际工作做得不理想。然而，就业时恰恰需要一个良好而稳定的心态，对自己有正确的认识与把握。

那么，中职生应该树立怎样的就业心态呢？

一、先就业后择业

1. 正确认识自己，明确就业方向

中职教育是职业技术教育，也是就业的教育，更是素质的教育。它是培养适应生产服务第一线所需要的技术应用型人才，培养的目标定位在面向基层。中职学校是现代人学手艺、学技术的学校，更是学做人、学为人的学校。只有学好了技术，学会了做人，才能找到合适的工作。没有哪个企业的老总会花钱请一个只会说，不会做，只会添乱，不会创造利润的员工。企业追求的是利润，老板投入资金就要赚取更多的财富，否则，员工的工资从哪里来？怎样向国家交税？企业如何扩大再生产？职业学校首先培养的是劳动者，是一线的工人，而不是坐在空调房里的"白领"。通过努力，你可以成为企业不可缺少的人才，然后再争取更大的发展。

对绝大多数毕业生来说，第一次就能找到理想的岗位并不容易，只有在实践中才能判断出这个岗位是否适合自己，一岗定终身早已成为历史。如果我们考上清华，那么，一个学生至少就有10个岗位在等待他，任何单位都不是铁饭碗。因此，中职生入校时，首先要正确认识自己，弄清自己的优势和劣势、理想和目标。在当前形势下，实现目标的可能性有多大？再分析自身的条件，列出实现目标的有利和不利因素，然后再以一颗平常的心向着目标奋斗前进。

2. 学好专业知识，打牢就业基础

人人都想工作轻松一点，待遇高一点，但是可能吗？职业学校学生的理论水平相对较低，同学们今后走进社会的优势就是掌握一线工作技术，而不是高深的理论。因此，你的工作岗位是可以预见的。初中毕业进入中专学习，一般基础较差，有些同学写份申请、填张表格也感到困难，这与过去中专学生有很大的不同，学校推荐就业最基本的要求是，在校理论学习成绩合格，如果各门成绩很差甚至不及格，这会影响同学们的求职，特别是你想从事的专业相关学科的成绩。就业应聘的第一关大多都是理论考试，理论成绩不合格，在第一关就会被淘汰。许多企业都要求学校推荐学生的成绩至少是合格以上。因此，要想打好就业基础，就必须学好专业理论知识。

未来的成功不是属于那些资历深厚、聪明灵活的人，而是属于那些最敬业、最善于学习的人。

3. 重视社会实践，积累工作经验

一是勤工俭学，二是积累社会工作经验。不少单位都非常乐意录用有社会工作经验的毕业生，他们认为有过工作经历的人容易与人相处，会更好地安排时间，更务实，更成熟，更受用人单位欢迎。

面对就业，大部分同学盲目地发愁或采取人云亦云的态度，而在校期间不更新自己的就业观念、不做出努力，这都不利于获得就业的机会。我们只有通过在校期间多方位、多渠道的培养与锻炼，才能使我们具有较好的理论知识、扎实的实践操作技能，又有较高的综合素质，真正成为德、智、体、美全面发展的高素质初、中级技术人才。不要刚到岗位就认为这也不好，那也不顺眼，似乎整个公司只有自己一个能人似的。要尊重老员工，尊重企业领导，遵守企业的规章制度。同学们应该知道：好人缘是交往出来的，好名声是挣出来的，好业绩是干出来的。

4. 看准择业机会，把握当前形势

当你积累了一定的经验，准备寻求更大的发展机会时，应注意以下几点。

（1）看清公司本身的发展前景如何。它既包括对过去公司的考察，又包括它与你现在所在公司以及和其他公司进行的对比。因为公司的发展预示着你自身的职业前景。因为它会直接关系到公司能提供给你的发展平台有多大，能否给你制定相应的培训计划，提升职业竞争力，能否给你丰厚的薪水以及其他福利。

第二单元　就业准备

（2）看清在新的公司你的个人发展空间如何。跳槽到新的企业时不能把眼光只放在较高的薪水上，更重要的是你是否有自己的发展空间。新公司的职位是否能让你游刃有余的同时还能保留自己的兴趣；新公司的企业文化是否适合你，发展理念是否与你相符。因为在一个公司工作发展的前提是融入公司的氛围，认同它的文化，支持它的理念，然后就是它提供给你的职位是不是利于你的进一步发展。沉浸在不认同的文化中是艰难的，工作在不能充分伸展拳脚的职位上是痛苦的。

（3）看清个人职业发展方向如何。首先最要紧的是要有自己的职业生涯规划，对自己进行合理的定位，判断自己的职业气质和职业能力能否适合新的职位，规划好后就要朝着目标不懈努力；其次是在选择职业时，一定要结合自身条件，分析清楚自己的职业特长、学识、工作经验和心理适应能力，而不要凭自己一时喜好就冲动地做出决定，盲目"追高"。如果不能正确判断的话，哪怕有高薪向你招手，你也是可望而不可即的。知己知彼，明确企业需求，在了解自身特质的情况下方能百战不殆。跳槽之前需要审时度势，目光长远，切忌头脑发热，盲目跳槽。很多职业人犹豫不前，惧怕跳槽，或者跳槽失误，反而不如之前的职业，除了由于自身短视所致之外，对自身缺乏明确的分析与寻求针对性的解决方法是关键。

先苦后甜

上海市教委4月7日发布了《2015年中职校毕业生职后发展状况调查》，"十二五"期间，上海共培养了20.66万中职毕业生，为社会各行各业输送12.15万技术技能人才，为本市各类高校输送8.09万生源，毕业生就业率保持在97%以上。调查显示，2015年调查中职毕业生税后月薪低于3 000元的比例为21.74%（比去年调查的22.38%略有下降），3 000~5 000元的比例为54.66%（比去年调查的56.54%下降约2个百分点），5 000元以上的比例为21.95%（比去年调查时的19.99%上升月2个百分点）。调查还显示，中职毕业生的职业状态呈现相对稳定，岗位稳定性为81%。

据介绍，近年来，某市一线技能人才出现供不应求的局面。许多专业的学生还未毕业就已被用工单位预订一空，各专业毕业生平均就业率始终保持在97%以上，2013年达到99%，就业对口率、就业巩固率分别达88.2%和82%。职校毕业生就业后各项社会福利待

第四讲 树立正确的就业心态

遇不断提高。

其中，模具、数控等二产类专业平均就业工资已达每月2 000~3 000元左右，工作2~3年后，工资可达每月4 000~5 000元；酒店服务、旅游管理等三产类专业平均就业工资可达每月2 500元左右，部分就业岗位薪金可达每月5 000元左右；计算机应用、软件与信息服务等电子类专业毕业生平均就业工资每月3 000~4 000元，已超过同期就业的大学生（大学生就业有实习期，需进行培训，中职生可直接上岗）。

另外，每年都有学生被人民大会堂、全国政协、全国总工会、国家宗教局、外交部等部门选招录取，直接为国家领导人服务。近年来，各校以校企合作为平台，通过订单培养、顶岗实习等方式，在立足国内就业市场的基础上，不断扩大国外就业市场，目前已与部分世界500强企业和多家跨国公司建立了长期联系，并签订了用工合同，赴港、澳及部分国外企业工作的毕业生，实习期薪金就可达5 000~7 000元人民币，正式签订劳务合同后，薪金将进一步提高。

毕业生选择企业一般可以从以下几个方面入手。

（1）企业的规模、环境以及毕业生考虑应聘的职务、专业。

（2）企业能否包吃包住。

（3）工资待遇。

（4）按我国《劳动法》执行，记工作日，加班计费。

（5）领导作风、团队精神、企业文化，都是考虑的范围。

（6）重要的一点：刚实习或就业的毕业生还应分析，你认为在这家企业工作，目前与日后能学到哪些新知识。

上述基本情况是毕业生就业过程中经常遇见的问题。就业市场现在很多，为我们毕业生创建了就业的平台，在就业选择上提供了保障。当你择业后，可以在不同环境的企业中学习到新的东西、不断充实自己、丰富专业知识。毕业生先要找就业单位、后去选择较理想的岗位，先要能吃苦、后来才有甜。先不要一心只想去做"白领"，可先进外资或民营的小公司，在那里的特色是：各个岗位都可看得见摸得着，工种作业、设备操作的机会大，接触各类产品的机会多，方便学到核心技术，一定会对自己增长许多有用的经验。吃得苦中苦，方为人上人。工资低是暂时的，就当是交了学费在培训吧！

第二单元　就业准备

三、先从基层做起再谋求发展

　　随着社会的发展，企业的管理体制也随之慢慢改变，招聘人才的方式也有所改变。一家鞋厂，他们招聘人才的方式有了很大的改变，不管他们招聘技术人员还是管理人员，所招聘之人并不是直接进入舒服的办公室当管理人员，而是先去生产车间实习3个月，不管是中专生、大学生还是研究生，都是同样的做法，如果熬不过3个月，那就必须得离开，公司不需要这样的人才。

　　为何会采取这样的招聘方式？这样的招聘方式有什么好处呢？人事部经理告诉员工，一个刚念完书的人，没有任何经验，只凭着书上的知识来工作是不切实际的，事实上要比书本上难多了。比如，作为一个管理员，他不知道生产的过程，也不懂得他的员工们是如何制作完成一双鞋的，更不知其里面的辛苦，那他如何当好一个管理者呢！给他们3个月的实习时间，是想让他们从基层开始，完全了解生产的过程，熟悉每个步骤的操作，跟员工们一起生活，才能体会员工的辛苦，了解更多员工们的心声，这样他才能真正体会出来之不易的果实，才能更好地投入到工作中，更好地当一名管理者。如果3个月失败了，那说明他连最简单的苦都承受不了，最基本的东西都不了解，那他又如何来管理好员工呢？没有地基，哪来高楼大厦。你没有深入基层进行了解，你又如何能当一个成功者。中专生刚毕业，工作生涯只是一张白纸，因此就得慢慢为这张白纸填写色彩。中专学生应该从最基本的东西先画，最后才能增添新的色彩，才会是一幅完美的图画。

　　基层工作并不是什么卑微的岗位，也不是什么见不得人的事。比如说，一个派发传单的人，可以成为一个出名的销售人员，他可以通过派发传单，结识各式各样的人，换取各种行业的名片，从而更广泛地推出他的产品；一个修理自行车的人，凭着自己对自行车的认识，自己发明了电动自行车；一个化妆品店员，潜心学习，慢慢懂得了如何经营一个店面，什么样的皮肤适合什么样的化妆品等。其实，能让我们学到更多知识的往往都是在基层，从基层到高层这个过程，付出多少艰辛、多少汗水，必将收获多少知识。大部分中专生对正确认识自己还有欠缺。其一，对自己定位不准，不愿到基层，常常表现出"大事做不了，小事不肯做"；其二，不了解社会，考虑处理问题时脱离实际，依赖性强。因此，中专生应尽快找准定位，从基层做起，提高适应环境的能力。只有把理想与现实很好地结

第四讲　树立正确的就业心态

合起来的毕业生，才能走好求职这一步。

"千里之行始于足下"。从零开始，从基层开始，才能学到更多、更实际的东西，也能拥有更多的发展机会，暂时的辛苦，却能换来将来的成功。只有把基地建好了，才能建起高楼。踏出零的这一步，从基层走起，风景会这边独好，发展会更有前途。

相关知识

中职生常见的就业心理

中职毕业生年龄小、知识少、经验缺、文凭低，就业存在诸多不利因素。由于社会、家庭等多方面的影响，中职学生就业心理较为复杂。

1. 依赖心理

部分学生尚处于心理断乳期，他们认为就业应由父母操心，应由父母和学校给安排好工作，自己直接去上班就行，依赖心理较为严重。产生这种依赖心理的原因主要是有3个方面。

（1）社会环境的影响。一方面，由于中职学生长期生活在父母和教师的护佑之下，自然而然地产生了一种任何事情、任何时候都依赖父母、依赖教师、依赖他人的习惯；另一方面，家长急切渴望儿女成才，在盲目提高学生成绩的同时忽略了对孩子"情商"的培养。

（2）缺乏独立精神和责任感。多数学生都是独生子女，长期处在家长包办行为笼罩下，没有独立自主的精神和能力，没有养成对社会、对家庭、对自己负责任的意识，完全依靠、听从父母的安排，缺乏独自进行职业规划的能力。

（3）学习心态消极。这部分学生缺乏端正的学习态度，学习目标不明确，认为学习是为了父母或教师，认为学习是为了应付父母和老师交给的任务，完全被动地接受，而非主动去求知。"做一天和尚撞一天钟"，只求拿到毕业证书。

2. 盲目心理

由于处在这个年龄段的学生对自己的今后没有任何的职业生涯规划，不知道现在的学习对以后的工作是否能派上用场，感到十分的迷惑，对自己的认识没有一个客观的评价，只是一味地想去工作环境好、待遇高的单位。比如，计算机专业有的学生要求到大

第二单元　就业准备

集团、大公司去工作,并且要求专业对口。理想与现实之间的较大差距导致目标脱离实际。自2008年以来波及全球的"金融海啸",给我们的学生找工作增添了不少"寒意"。面对前所未有的就业压力,有些学生仍然没有意识到,择业时还是过多地重视经济利益,往往把职业的经济报酬作为择业的首要条件。对工资高、待遇好的职业趋之若鹜,却舍弃了职业的价值。从这个意义上说,哪怕是有点委曲求全,都是必要的。因为在当前就业形势前所未有严峻的情况下,只有就业才是硬道理。选择先就业,对个人或社会而言,都不失为一个双赢的选择。只要懂得把握机遇、务实肯干,每一位正在努力寻找工作的人,都有机会不断地完善自我,从而在工作中最大限度地发挥自己的潜能,并实现自我价值。有一部分毕业生只注重自身感受和体验,不考虑社会需求和实际,在价值取向和道德选择上表现为唯我独尊、个人至上,择业时滋长了虚荣、攀比心理和好高骛远的心态。部分毕业生,特别是受家庭条件优越的影响,对就业关心不够,甚至不闻不问,这是非常错误的。

3. 悲观心理

部分学生担心就业压力大,毕业后难以找到理想的工作,对未来悲观失望。产生这种悲观心理的原因和主要表现有4个方面。

(1) 知识缺乏。许多中职学生是没有参加中考,或是中考落榜后被招收入学的。其中,有的学生曾受过处分,或者来自于特殊家庭(主要指父母离异、家长下岗、暴力家庭等)。相当一部分学生学习成绩较差,没有养成良好的学习习惯,没有掌握正确的学习方法,在课堂上往往听不进去或者根本听不懂,在校期间根本没有学到什么知识。因此,他们有一种失落感和困惑感,对将来的就业非常担忧。

(2) 理想错位。部分学生胸无大志,缺乏拼搏务实、主动上进的精神,又不能客观评价自己的能力,大事做不来,小事不愿做,对学习勉强应付,对工作过分挑拣,结果到头来一事无成。

(3) 就业目标偏位。有的学生就业目标脱离实际,一味要求去工作环境好、待遇高的单位。理想与现实之间的较大差距导致其产生了悲观心理。

学历层次低。当前,我国劳动力供大于求,许多用人单位顺势提高就业门槛,普通的工作岗位都要求专科以上学历,人才需求呈现高学历化,使原本就业难的中职学生更加失去信心。

第四讲　树立正确的就业心态

4. 自立心理

我们应保持这样的心态，但是，只有少部分学生相信自己的能力，对毕业后的就业充满了自信，保持乐观心理。产生这种心理的原因及其主要表现有两个方面。

（1）脚踏实地靠自己，相信自己有能力一定能找到理想的归宿。这部分学生能意识到工作的压力，还能把这种压力转化为动力，产生了强烈的求知欲望。他们平时在学习上态度端正，积极认真，对今后的工作充满了无比的信心；上课专心听讲，课后认真复习，主动向老师请教，学到了有利于自身进步的理论知识；在实际操作中认真思考，虚心好学，取得了较好的专业技术知识，具有较强的动手能力。

（3）珍惜学习与就业的机会，工作目标适当。这部分学生往往家庭并不富裕，他们珍惜自己的学习机会，并把学习好、找份称心的工作作为改变他们生活现状乃至个人命运的重要途径。他们能够认清毕业后的就业压力，勤奋求实，正确认识自身的实际能力，工作岗位目标与实际能力相一致，就业时知道怎样扬长避短地找到工作岗位，并能在工作岗位上勤勤恳恳、踏实认真，经常能得到用人单位的好评。因此，在学习过程中积极向上。同时，这部分学生也能够认识到在今后的工作中更重要的是要凭自己的本领和能力，因而，能够珍惜大好的学习机会，主动参加各种有益的活动，锻炼自身综合能力，为今后的工作做好充分准备。

（1）中专学生们深知找工作实在不容易，要找到一份好的工作更是难上加难，都纷纷表示只要有用人单位肯要，薪水并不重要，而且更愿意远离家乡去南方的大城市。另外，也有不少的中专学生表示，愿意到中小城市去发展。

（2）面对就业难的现实，中专学生除了选择就业外，还可以选择继续深造或自主创业等。但对于绝大多数的中专学生来说，一是经济条件不允许，对继续深造或自主创业根本就不敢考虑；二是自主创业虽然是件好事，且政府各有关部门都相继出台了不少扶持学生自主创业的优惠政策和措施，然而自主创业并不是喊一句口号那么简单，它不但需要有足够的能力和脚踏实地的实干精神，还要有一定的财力支持，况且即使具备了上述的几个条件，也未必能够达到预想的目标。因此，如果没有一定把握和"输得起"的资本以及良好的心理素质，自主创业的巨大风险不是每

第二单元　就业准备

个人都能承受得起的。

（3）中职生出了校门还有一个全新的学习过程，不要一味地看每个月能给多少钱、食宿环境怎么样、工作是否辛苦，这些都是锻炼自我的一个过程，是一个积累的过程。只要是金子，在哪儿都会发光。

中职生究竟应该树立怎样的就业心态？

第五讲　保持健康的体魄

引例

　　小飞来自偏远的农村，进入一所中专学校后，感到自卑，情绪低落以致产生了厌学情绪，整天不是泡在网吧，就是到处闲逛，学习成绩一落千丈。班主任不仅对他进行了耐心细致的教育，还帮助他重树信心，制定了从兴趣入手、强化特长、以点带面、全面提高的教育计划。

　　小飞喜欢篮球运动，只要谈到篮球，他就会滔滔不绝。只要一打篮球，他就会全情投入。班主任问他："为什么不申请加入校篮球队？"他说："我很想加入，可是觉得自己水平不高。"班主任反问道："既然有愿望，就应该加入。努力了不一定会成功，但不努力就一定不会成功。NBA球星科比·布兰恩特每天随队训练完后，自己还要加练再投中500个三分球。"听了此话，小飞沉默了。此后，无论什么天气情况，只要是课外活动时间，在球场上总能见到小飞刻苦练球的身影。天道酬勤，小飞终于被选入校代表队，成为校园明星。体育活动不仅增强了他的体质，而且锻炼了他的意志。他积极参加学校组织的各种活动，努力学习每一门功课，二年级时经过竞争当选为校学生会主席。这一切努力终于有了回报，毕业后他找到了一份满意的工作。

案例分析

　　健康的体魄是我们人生大厦的基础，而体育锻炼是练成健康体魄的最有效方法。因经常参加篮球及各项体育运动，小飞不仅练就了健康的体魄，而且培养出了机智、灵活、沉着、果断等优良作风，更培养出了吃苦耐劳、勇敢顽强、拼搏进取的意志品质和密切配合的团队意识，这些都为他的成功打下了坚实基础。

第二单元　就业准备

锻炼要点

1. **体育锻炼的四原则**

　　自觉积极、循序渐进、持之以恒、全面锻炼。

2. **体育锻炼的基本方法**

　　体育锻炼方法是贯彻体育锻炼原则，达到体育锻炼目的的途径。

　　（1）重复锻炼法，即按一定负荷标准，多次重复进行某项练习。重复的次数和时间，是决定健身效果的关键。

　　（2）间歇锻炼法，即进行重复锻炼时两次之间合理的休整。间歇锻炼的时间长短，主要以运动负荷为准。负荷超过上限时，间歇时间应长些，以防负荷继续上升，造成过度体力消耗；在下限时，间歇时间应短些。后次锻炼应在前次锻炼的效果未减退时进行，倘若间隔时间过长，在前次锻炼效果消失后再进行锻炼，就失去了间歇的意义。

　　（3）变换锻炼法，即在锻炼过程中，采取变换环境、条件、需求等手段，提高锻炼效果的一种方法。采取变换锻炼法，可以有效地调节生理负荷，调整锻炼情绪，强化锻炼意志，克服疲劳和厌倦情绪。

　　（4）循环锻炼法，即把各种类型的具有不同练习效果的手段，编成一组锻炼项目，按一定顺序循环往复地进行锻炼的方法。这种方法具有综合锻炼的效果。

3. **体育锻炼的手段**

　　（1）跑步。

　　基本要领：上体稍前倾或几乎正直，头部自然保持与上体成一直线，眼平视，面部和颈部的肌肉要放松。两臂肘关节弯曲成约90°，以肩为轴前后自然摆动，前摆时手稍向内，后摆时肘稍向外，摆幅要适当。后蹬时髋、膝、踝关节依次伸直，摆动腿积极向前上方的摆动过程中，小腿要保持放松而自然下垂。跑的距离越长，大腿抬的高度也越低。大腿开始下落时，膝关节也随之自然伸直，并用前脚掌着地。当脚与地面接触之后，落地腿的膝关节稍弯曲，在垂直阶段，脚跟稍向下落，这样可以缓冲脚落地时产生的冲击力，并为过渡到后蹬创造良好的条件。

　　具体方式：主要包括走跑交替法、匀速跑法、变速跑法、重复跑法、定时跑法等。

　　（2）柔韧练习。柔韧练习须逐渐加大幅度，每个练习要连续做5~10次，才能产生效果，

第五讲　保持健康的体魄

不同部位的柔韧练习要交替进行。

（3）力量练习。

发展绝对力量：方法主要是克服阻力，阻力大重复次数少的练习有利于绝对力量增长。以个人所举最大力量的 85%~95% 作为练习的重量，连续举起 3~5 次，重复 3~5 组，每组间休息 1~3 分钟，每周练习 3 次，效果最好。

以个人所举最大力翻 60%~80% 作为练习的重量，每组 5~10 次，做 4~6 组，每组间休息 2~5 分钟效果最好。

发展力量耐力：一般以个人所举最大力量的 50% 作为练习的重量，每组 20~30 次，组数随训练水平逐步增加，每组肌肉力量和肌肉体积都不会增加，只会消耗能量，减少脂肪和发展肌肉耐力。

（4）篮球、足球运动。

篮球、足球运动是深受青年喜爱的运动。它们具有较强的竞争性和对抗性，有助于培养人们的勇敢顽强、拼搏进取等意志品质。

比赛场上情况错综复杂、瞬息万变，要求运动员善于观察、思考和判断，能随机应变、及时应对，有助于培养人们机智、灵活、沉着、果断等优良作风。

一场比赛了解某个人技术全面，又要充分鼓舞队伍全体协作力里，有助无培养人们密切配合、团结协作等集体主义精神。这两项运动能够使身体素质得到全面锻炼，促进身体的均衡发展。

（5）乒乓球、羽毛球运动。这两项运动不仅在我国有广泛的群众基础，而且在全世界也数我国竞技水平最高，便于同学们学习和提高。

（6）游泳。游泳是很受欢迎的运动项目之一。适当地进行游泳锻炼，不仅能给人带心理上的愉悦，塑造流畅和优美的体型，还能够增强心血管系统的机能，增强体质，提高协调性。许多运动项目都容易给机体造成劳损或损伤，但游泳是劳损和损伤率最低的体育活动。因此，游泳是一项很好的、可以终身进行锻炼的健身运动。其学习方法是、先熟悉水性、掌握水中平衡，再学蛙泳、自由泳等。

（7）体操运动。

广播体操：包括上肢、下肢和躯干等各个部位的运动，一般由 8~12 节组成含有屈伸、转体平衡、跳跃等各种动作。经常做广播体操，有利于增强骨骼、肌肉、韧带和内脏器官的机能，发展一般身体素质，培养节奏感和协调性。

健美操：健美体操、舞蹈、音乐于一体，在音乐伴奏下，通过反复练习，能够达到增进健培养正确体态、塑造美的体形、陶冶美的情操的目的。

（8）武术。作为中国传统文化中最神奇的一个部分——中华武术，既是一种健身强体的技能，同时也是一种注重积极进取的生活方式。它可修炼身心、提高人对社会环境与自然环境的适应性，锻炼人的意志品质，增强信心，使人得到勇气。武术中有许多可以用于实战的对打练习，这些练习可以使练习者更加谦虚，培养克制能力、勇气、正义感。

（9）跳绳与踢毽子这两项运动的最大特点活动量可因人而异，对场地、器材条件的要求较低，在大厅、过道、校园内小块空地等均可进行。

4. 体育锻炼的效果评价

（1）主观感觉评价法。

一般感觉：它是人体功能状况，尤其是中枢神经系统状况的反映。身心健康的人，主观感觉总是精力充沛、活泼愉快、做事效率高。当然，凡事要适度。运动过度时或患病时，就会感到精神不振、软弱无力、行动迟缓、不愿学习和工作、情绪容易激动等。

运动心情：它与精神状况紧密相关。人乐意参加锻炼是健康的表现，反之则是早期过度疲劳和健康状况不佳的征兆。

不良感觉：锻炼后都会产生一些肌肉酸胀、四肢乏力等现象。若运动负荷安排适当，这些现象经过适当休息便可消失。身体锻炼的水平越高，消失得越快，有时甚至感觉不到肌肉酸胀。如果在休息和营养保证的情况下，有时在运动中或运动后，出现头痛、头晕、恶心、气喘、胸闷或腹痛等不良感觉，其原因大多与锻炼的内容、方法、运动量的安排不当有关。这就要注意休息、调整，必要时可到医院检查，以防止运动性伤病的发生。

睡眠：睡眠对消除运动后疲劳具有重要意义。经常锻炼者若出现睡眠困难，早晨起来后全身乏力等现象，则应检查锻炼方法和运动负荷量的安排是否恰当。

食欲：经常锻炼者，肌体代谢旺盛，食欲较好。否则应考虑是否与过度疲劳或健康状况不良有关。

（2）心率评定法。

最佳锻炼效果是自身最大运动负荷的70%。如果用心率表示，就是先测出你的最大心率（如180次/分），那么，你的有效健身负荷为180×70%=126次/分。你可以根据这一指标选择运动项目，进行体育锻炼。

5. 运动保健

（1）运动前做好准备活动。准备活动的作用在于：提高中枢神经系统的兴奋性；扩大肌肉、肌腱和关节的活动范围；克服内脏器官机能的惰性，使肌体各方面的功能达到适应锻炼的要求，预防或减少肌肉、关节和韧带的损伤。准备活动一般要达到微微出汗，身体各大肌肉群和韧带、关节都得到适量的活动，感到灵活、舒适即可。

（2）运动后要做整理活动。运动结束时，应做些身体放松的练习，这样可使人体更好地从紧张的运动状态逐渐过渡到相对的安静状态。通过整理活动，可以改善肌肉的血液循环，以减轻肌肉酸痛和消除疲劳。

（3）饭后不宜剧烈运动。若饭后进行剧烈活动，大量的血液就会从胃肠道流进骨骼肌，使消化机能减弱。长此以往，就会导致消化道慢性疾病。同时，饭后胃内充满了食物，进行剧烈活动时，由于食物的重力和运动的颠簸作用，会牵拉肠系膜，容易引起腹痛。

（4）运动饮水卫生。体育锻炼时要及时补充水分，以保证正常生理机能活动。但是剧烈运动时和运动后，均不宜一次大量饮水。如果在运动中大量饮水，会使胃部膨胀，妨碍膈肌的活动，影响呼吸，不利于运动。同时，大量饮水会使血液量增加，增加心脏、肾脏的负担，有碍健康。运动时的饮水应以少量、多次为原则，同时饮用淡盐开水，以保持体内水盐平衡。

（5）运动衣着要轻便、舒适。

（6）女子月经期间的运动量要适宜，或暂时停止锻炼。

6. 运动中常见的生理反应及处理方法

（1）肌肉酸痛。

原因：运动后的肌肉酸痛通常是因为运动时肌肉活动量大，引起局部肌纤维及结缔组织的细微损伤，以及部分肌纤维的痉挛所致。

处理方法：热敷、按摩。

（2）运动中腹痛。

原因：多发生在中长跑时，因准备活动不充分，开始时运动过于剧烈，内脏器官功能尚未达到竞赛状态，致使脏腑功能失调，引起腹痛；也会因运动前吃得过饱，饮水过多，以及腹部受凉，引起胃肠痉挛；少数因运动时间过长或过剧烈，致使两肋部胀痛。

处理方法：如果没有器质性病变迹象，一般可采用减慢跑速，加深呼吸，按摩痛部或弯腰跑一段等方法处理，疼痛可减轻或消失。如疼痛仍不减轻，就应停止运动。如仍不见效，应送医院检查。

（3）极点和第二次呼吸。

极点：在剧烈运动时，特别是在中长跑时，能量消耗大，下肢回流血量少，氧债不断积累，并达到一定程度时，就会出现呼吸急促、胸闷难忍、下肢沉重、动作不协调，甚至有恶心现象，这在生理学上称为"极点"。

第二次呼吸：极点出现后，适当减慢运动速度，并加深呼吸，坚持下去，上述生理反应将逐渐缓解与消失。随后机能重新得到改善，氧供应增加，运动能力又将提高，动作变得协调有力。这就标志"极点"已经有所克服，生理过程出现新的平衡。此种现象，生理学称为"第二次呼吸"。"第二次呼吸"出现后，循环机能将稳定在新的较高水平上。

相关知识

1. 国家学生体质健康标准

学生的全面发展以及增进健康的问题已成为全世界所关注的热门话题。"健康体魄是学生为祖国和人民服务的基本前提，是中华民族旺盛生命力的体现。"这是中共中央国务院从我国人才培养和可持续发展战略的高度出发，对青少年学生提出的基本希望和要求，也为研制《学生体质健康标准》确定了明确方向。

《学生体质健康标准》根据学生的生长发育规律，将测试对象按照年级分组，初中、高中、大学各年级的评价指标有 5 项：身高标准体重、肺活量体重指数两项为必评指标；选评指标有 3 项，分别是从 1 000 米跑（男）、800 米跑（女）、台阶试验中选评一项；从坐位体前屈、掷实心球、仰卧起坐（女）、引体向上（男）、握力体重指数中选评一项；从 50 米跑、立定跳远、跳绳、篮球运球、足球运球、排球垫球中选评一项。

《标准》采用个体评价标准，能够清晰地看出学生个体差异与自身某些方面的不足。这十分有利于通过测试促进学生积极参加体育锻炼，通过锻炼改善健康状况，促进健康发展。与以往的学生体质评价标准相比，这一评价体系将更加有助于促进学生积极参与体育锻炼，成为具有正确的体育意识和健康的生活方式的高素质人才，使学校体育在促进国民

第五讲 保持健康的体魄

健康方面起到应有的作用。

2. 健康新概念

联合国世界卫生组织（WHO）对健康的定义，即"健康不仅是没有疾病，而且包括躯体健康、心理健康、社会适应良好和道德健康"。

（1）生理健康，就是身体健康，即器官健康，功能健全，能抵抗一般的疾病。它是人们正常生活和工作的基本保障。达不到这一点，就谈不上起码的健康，更谈不上长寿。

（2）心理健康，是指人的精神、情绪和意识方面的良好状态，包括智力发育正常，情绪稳定乐观，意志坚强，行为规范协调，精力充沛，应变能力较强，能适应环境，能从容不迫地应付日常生活和工作压力，经常保持充沛的精力，乐于承担责任，人际关系协调，个人与社会、任何群体、家庭中的成员以及任何环境都能和谐相处，喜欢自己、喜欢别人，这些就叫心理健康。心理健康是十分重要的健康。据医学研究发现，良好的心态，能促进人体分泌出更多有益的激素，能增强机体的抗病能力，促进人体健康长寿。"笑一笑，十年少"讲的就是这个道理。

（3）社会适应健康，是指人的各种心理活动和行为都能适应复杂的环境变化，为他人所理解和接受，并能主动地适应和改善现实环境。

（4）道德健康，主要指能够按照社会道德行为规范准则约束自己，并支配自己的思想和行为，有辨别真与伪、善与恶、美与丑、荣与辱的是非观念和能力。把道德纳入健康范畴是有科学依据的。品行善良、心态淡泊、为人正直、心地善良、心胸坦荡者，则心理平衡，有助于身心健康。而有违于社会道德准则，胡作非为、胡搅蛮缠、胡说八道、胡思乱想者，则会导致心情紧张、恐惧不安、疑神疑鬼等不良心态，有损健康。巴西著名医学家马丁斯研究发现，屡犯贪污受贿的人易患癌症、脑出血、心脏病和精神过敏症。我国有关专家也研究测定，道德不健康的人很容易发生神经中枢、内分泌系统功能失调，其免疫系统的防御能力也会减弱，最终会在恶劣心态的重压和各种身心疾病的折磨下，或者早衰，或者丧命。因此，一个道德完善的人，他必然心理健康、心地善良、心态安定，也就能与社会和谐、家庭和睦，就能适应社会的变化，又不会随波逐流。心理健康必可净化自然环境，促进生理健康，达到"仁者寿"的目的。

3. 保持卫生与健康常识

（1）早晚洗脸、睡前洗脚。

第二单元 就业准备

（2）早晚刷牙、勤洗头、勤洗澡、勤剪指甲。

（3）饭前便后要洗手。

（4）每天洗抹子，衬衣一两天换一次，内衣与外衣经常换洗。

（5）被套、枕巾、脸巾、脚巾等保持清洁，不使用他人的。

（6）按时就餐，饮食结构合理，粗细粮搭配，多吃蔬菜，不暴饮暴食。

（7）不在不卫生的小摊点吃饭，不使用不合标准的塑料袋等一次性用品。

（8）不喝生水，生吃瓜果要洗净。

（9）学生不得吸烟、饮酒。不熬夜玩网游。

（10）关心国家对有关疫情的发布，做好预防。

　　体育是素质教育的重要内容，体育不仅可以育体，还有益德、启智、促美、交际等方面的功能。中等教育阶段体育的重点是培养学生的各种体育能力，如自我锻炼能力、自我学习能力、运动能力等。要根据自己的体育兴趣，掌握1~2项运动项目的技术、规则和训练方法等，形成爱好，坚持锻炼。同时，还要注意根据自身条件，选择适合自己的锻炼项目，科学地锻炼身体，从而养成锻炼身体的习惯。

　　你健康吗？与同学交流你参加体育运动的体会与收获。

第六讲 熟知《劳动合同法》和社会保险相关知识

引例

小张是××铁路机械学校2016届的一名毕业生，7月毕业后，在一家销售公司上班。他了解到，公司里有很多新员工都没有与单位签订劳动合同，小张很是不解。经过询问，小张了解到单位给每个新员工都有一定的销售任务，凡是完成销售任务的才能签订劳动合同，如果没完成，直到完成时再签订。可是，这家单位给新员工的销售任务一般都要半年时间才能完成，甚至可能需要更长时间。小张觉得，销售工作可以锻炼人的能力，使人变得性格开朗、积极向上，能灵活适应不同的环境，还能广泛地接触到形形色色的人，锻炼了自己的口才，又学会了与人交往。自己刚从学校步入社会，学习的东西还有很多，对他来说工作生涯只是一张白纸，只有通过自己的不懈的努力才能为这张白纸填写色彩。所以，小张毅然决定继续工作下去。

案例分析

劳动是伟大的，劳动是光荣的，小张的想法是积极的。但对劳动者来说，谈论这一切，需要有一个最基本的前提，那就是必须了解自己的权利和义务，只有在这样一个前提条件下，劳动才更有意义。所以我们应重视有关的劳动法律知识的学习，维护我们应有的权益，并履行我们的义务。

招聘结束后，用人单位应根据劳动法的相关规定与新员工签订劳动合同。在目前已全面实行劳动合同用工的情况下，劳动合同将规范用人单位和劳动者的大部分关系。对于劳动者来说，和用人单位签订一份好的劳动合同，是劳动者依法享受的权利。

第二单元　就业准备

一、劳动合同的签订

（1）签约单位的合法性。在签订劳动合同时，应仔细查看企业是否经过工商部门登记以及企业注册的有效期限。否则，所签订的劳动合同将是一份无效合同。

（2）劳动合同应依法订立。只有主体合法、内容合法、形式合法、程序合法的劳动合同才能产生法律效力。不合法的劳动合同，属于无效合同，不受法律承认和保护。

（3）合同双方地位的平等性。在劳动合同订立的过程中，劳动者与企业之间的法律地位是平等的。只有做到地位平等，才能使所订立的劳动合同具有公正性。

（4）合同的订立必须采取书面形式。劳动合同都有一定的期限，而且劳动关系非常复杂，涉及诸多内容。采取书面形式使权利、义务明确具体，有利于合同的履行。一旦发生争议，也有据可查，便于争议的解决。

（5）合同的具体性。劳动合同字句要准确、清楚、完整、明白易懂，不能用缩写、替代词或含糊的文字表达，否则就可能在劳动合同执行过程中产生误解或曲解，从而带来不必要的争议，给用人单位和劳动者双方造成损失，也给合同争议的处理带来困难。

二、社会保险的内容

社会保险的目标是预防风险，从这个意义上可以说，现代社会经济生活中的风险决定了社会保险的内容。在现代社会中，可能使人们收入中断、减少或丧失的经济风险有：年老、疾病、残疾、工伤或职业病、生育、死亡、失业。针对上述7种风险，社会保险设置了养老保险、医疗保险、工伤保险、生育保险、失业保险等5个项目。

1. 养老保险

养老或退休保险是社会保险制度的重要内容，也是整个社会保障制度中最基本的内容。在当今世界上，离开养老问题来谈论社会保险或社会保障，几乎是不可思议的。因为现代社会中人口老龄化和家庭小型化不可逆转的趋势，使传统的家庭保障在满足老年人的基本生活需求方面处于捉襟见肘的窘境，因此，社会不得不担负起照料这部分曾经对社会经济发展和人类繁衍做出过贡献，而现在因为生理或社会的原因无法再以劳动为主要谋生手段的老年人的责任。这就是养老保险产生与发展的社会和经济背景。

养老保险是以保障法定范围内的老年人，在完全或基本退出社会劳动生涯后，仍有足以满足基本生活需求的稳定可靠的经济来源为目的的社会保险项目。这一概念的界定包括3层含义。

（1）养老保险是在法定范围内的老年人完全或基本退出社会劳动生涯后才自动发生作用的。这里所说的"完全"，是以其与生产资料的脱离为特征的，是为"退休"；这里所说的"基本"，指的是参加生产活动已不成其为主要社会生活内容，是为"养老"。必须强调的是，法定的年龄界限才是切实可行的实践标准。

（2）养老保险的目的是为老年人提供保障其基本生活需求的稳定可靠的生活来源。

（3）养老保险是以社会保险为手段来达到保障目的的。

2. 医疗保险

医疗保险是社会保险制度的基本内容之一，是当今世界各国普遍推行的社会保险项目。在现代社会中，疾病是劳动者时常可能遭遇的，而且对他们威胁较大的风险之一。它不仅使劳动者在患病期间收入中断、减少或丧失，而且在医疗方面又必须支出费用，这就使劳动者一旦患病便在经济上处于内外交困的窘境。因此，即使从维护劳动力再生产的角度出发，社会也必须承担起对劳动者提供对付疾病风险的保障的责任。

医疗保险是向法定范围内的劳动者部分或全部提供预防和治疗疾病的费用，并保证其在病假期间的经济来源，保障其基本生活需求的社会保险项目。这一概念的界定包括3层含义。

（1）医疗保险一般被用来对付法定范围内的劳动者因疾病而导致的两个方面的经济风险：一是支付预防或治疗疾病的费用；二是保证病假期间的经济来源。

（2）医疗保险的具体做法因时间、空间和法定对象的不同而表现出极大的差异，有的是"全部"负担，具体的标准一般以保障基本生活需求为最低标准。

（3）医疗保险是以社会保险为手段来达到保障目的的。

3. 工伤保险

工伤保险是社会保险制度的内容之一，也是整个社会保障体制中又一个最基本的内容，当今世界各国的社会保障体制中忽略工伤保险的极为罕见。在工业社会中，工伤（含职业病）被从一般的伤害疾病中突出出来加以强调，是因为这种打上"职业"烙印的伤病是同雇主或企业的责任相关的，而与劳动者本人的责任无关。因此，雇主和企业在经济上分担的份额更大，它作为对受到损害的劳动者的经济补偿被计划得更为周全。

工伤保险是向法定范围的劳动者补偿其因职业伤病而导致的全部经济损失，包括预防、治疗、护理、康复和疗养的费用，以及在收入方面保证其生活水平导致了因职业伤病下降的社会保险项目。这一概念的界定包括3层含义：

（1）工伤保险是打上了"职业"烙印的，因此，作为一种经济补偿，它必须帮助劳动者对付来自两个方面的经济风险：一是必须提供预防、治疗、护理、康复和疗养的全部费用；

（2）工伤和职业病保险作为对劳动者因受到职业伤害而丧失的劳动能力的完全补偿，具体标准一般较高，它必须保障受到损害的劳动者生活水平不致因此而下降。

（3）工伤和职业病保险除用社会保险的手段来达到目的之外，采用雇主责任制或企业责任制的方法也较为常见，采用社会保险方法的也大大增加了雇主或企业分摊的份额。

4. 生育保险

生育保险是社会保险制度的基本内容之一。生育问题是有关人类繁衍生存和劳动力再生产的大事，所以受到了普遍的关注。但是，由于国情的不同，世界各国的人口政策也大相径庭，因此生育保险必然要打上人口政策的烙印——或鼓励生育，或控制生育。

（1）生育保险是向法定范围内的劳动者，尤其是妇女部分或全部提供怀孕、生产、哺育期间的医护费用，保证产假和哺育假期间的经济来源，使其因生育而导致基本生活需求没有保障的社会保险项目。这一概念的界定包括3层含义。

（2）生育保险一般被用来帮助法定范围内的劳动者对付因生育而导致的两个方面的经济风险：一是怀孕、生产、哺乳期间的医护费用；二是产假和哺育假期间的经济来源。

（3）生育保险因人口政策的不同而表现出极大的差异，有的鼓励生育，有的控制生育，但都以保证劳动者不致因生育而不能保障基本生活需求为限。

（3）生育保险是以社会保险为手段来达到保险目的的，但大多数是将妇女作为直接受益者。

5. 失业保险

失业保险是社会保险制度的基本内容之一。在商品经济社会中，有竞争就有优胜劣汰，因此，靠工资薪水度日的劳动者有失业之忧，一旦成为竞争中的失败者，这部分人就有生

第六讲 熟知《劳动合同法》和社会保险相关知识

计断绝的风险。保障这部分最有可能成为社会不安定因素的人的基本生活需求，就成了社会为消除动乱之隐患而普遍关注的重要问题。

失业保险是在法定范围内的靠工资薪水度日的劳动者因失业而丧失经济来源时，按法定时限保障其基本生活需求的社会保险项目。这一概念的界定包括3层含义。

（1）失业保险是针对劳动者阶层而言的，失业是工薪劳动者在职业竞争中被淘汰，失业的后果都使人生计断绝。于是，当失业或破产的情况一旦发生，失业或破产保险就自动发生作用。

（2）失业保险是帮助失业者或破产者在再次就业或东山再起之前维持基本生活需求的，而且有法定时限。

（3）失业保险是以社会保险为手段达到保障目的的。

注意事项

1. 关于试用期条款的相关规定

劳动合同期限3个月以上不满一年的，试用期不得超过一个月；劳动合同期限一年以上不满3年的，试用期不得超过二个月；3年以上固定期限和无固定期限的劳动合同，试用期不得超过6个月。同一用人单位与同一劳动者只能约定一次试用期。以完成一定工作任务为期限的劳动合同或者劳动合同期限不满3个月的，不得约定试用期。试用期包含在劳动合同期限内。劳动合同仅约定试用期的，试用期不成立，该期限为劳动合同期限。

劳动者在试用期的工资不得低于本单位相同岗位最低档工资或者劳动合同约定工资的80%，不得低于用人单位所在地的最低工资标准。对试用期内不符合录用条件的劳动者，企业可以解除劳动合同；若超过试用期，则企业不能以试用期内不符合录用条件为由解除劳动合同。

2. 关于劳动合同期限条款的相关规定

无固定期限劳动合同，是指用人单位与劳动者约定，无确定终止时间的劳动合同。用人单位与劳动者协商一致，可以订立无固定期限劳动合同。有下列情形之一，劳动者提出或者同意续订、订立劳动合同的，除劳动者提出订立固定期限劳动合同外，应当订立无固定期限劳动合同。

第二单元　就业准备

（1）劳动者在该用人单位连续工作满 10 年的。

（2）用人单位初次实行劳动合同制度或者国有企业改制重新订立劳动合同时，劳动者在该单位连续工作满 10 年且距法定退休年龄不足 10 年的。

（3）连续订立二次固定期限劳动合同，且劳动者没有本法第三十九条和第四十条第一项、第二项规定的情形，续订劳动合同的。用人单位自用工之日起满一年不与劳动者订立书面劳动合同的，视为用人单位和劳动者已订立无固定期限劳动合同。

3. 关于保密协议的相关规定

对于保密意识较强的企业，在劳动合同中都有"商业秘密"条款，对负有保密义务的劳动者，用人单位可以在劳动合同或者保密协议中与劳动者约定竞业限制条款，并约定在解除或者终止劳动合同后，在竞争行业限制期限内按月给予劳动者经济补偿。劳动者违反竞业限制约定的，应当按照约定向用人单位支付违约金。

竞争行业限制的人员限于用人单位的高级管理人员、高级技术人员和其他负有保密义务的人员。竞争行业限制的范围、地域、期限由用人单位与劳动者约定，竞争行业限制的约定不得违反法律、法规的规定。在解除或者终止劳动合同后，前款规定的人员到本单位生产或者经营同类产品、从事同类业务的有竞争行业关系的其他用人单位，或者自己开业生产或者经营同类产品、从事同类业务的竞争行业限制期限，不得超过两年。

4. 关于违约金的相关规定

炒老板鱿鱼不再担心违约金。违约金一向是用人单位绑住劳动者的"紧箍咒"，新法颁布后，想炒老板鱿鱼的打工仔可以"挥挥衣袖不留下一分血汗钱"了。《中华人民共和国劳动合同法》规定，除非劳动者接受过单位的培训，或有保密协议和竞争行业限制的协议，劳动者不需向单位支付任何违约金。

相关知识

一、劳动合同

合同，又称契约，是指双方当事人之间为实现一定的目的，根据法律规定，变更或解除权利义务关系的协议。

我国《劳动法》第 16 条:"将劳动合同定义为劳动合同是劳动者与用人单位确立劳动关系,明确双方权利义务的协议"。因此,可以看出,劳动合同是确立劳动者与用人单位之间存在劳动关系的法律形式,是组织社会劳动、合理配制劳动力资源、稳定劳动关系、促进社会生产力发展的重要手段。根据这一协议,劳动者成为用人单位的一员,有义务完成用人单位的生产任务、工作任务,并有义务遵守劳动纪律和内部规章制度,而用人单位则有义务支付劳动报酬,提供劳动条件、劳动保护及保险、福利等待遇。

二、劳动者权益保护

1. 就业年龄

我国最低就业年龄为 16 周岁。严禁使用童工,对违反规定招用了童工的单位或个人,由劳动部门责令其将童工送回原居住地,所需费用,全部由用人单位负担,并视情节给予行政处分或罚款。

2. 劳动者应享有的权利

(1) 享有平等就业和选择职业的权利。

(2) 有取得劳动报酬的权利。用人单位应当按月以货币形式支付给劳动者本人工资,不得无故拖欠或克扣工资。劳动者在法定节假日、婚丧假期间及社会活动期间也应当有权利取得工资。

(3) 有休息、休假的权利。用人单位应保证劳动者每周至少休息一天,每日工作不应超过 8 小时,平均每周工作不应超过 44 小时。如果用人单位由于生产需要而延长工作时间,应与劳动者协商,每天最长不超过 3 小时。

(4) 有获得劳动安全卫生保护的权利。

(5) 有接受职业技能培训的权利。

(6) 有提请劳动争议处理的权利。

(7) 有享受社会保险和福利的权利。

(8) 有权拒绝用人单位强令冒险作业的权利。

第二单元　就业准备

三、社会保险

社会保险是由法律规定的专门机构负责实施、面向劳动者建立、通过向劳动者及其雇主筹措资金建立专项基金，以保证在劳动者失去劳动收入后获得一定程度的收入补偿的制度。

我国的社会保险包括养老保险（含城镇职工基本养老保险、企业年金、个人储蓄性养老保险、农村养老保险等）、医疗保险（含城镇职工基本医疗保险、城镇居民医疗保险和新农村合作医疗保险）、工伤保险、失业保险、生育保险5种。

劳动合同范本

编号：

劳动合同书（固定期限）

劳动合同双方当事人基本情况

甲方　　　性别

法定代表人（主要负责人）或委托代理人

注册地址经营地址

乙方　　　性别

居民身份证号码或者其他有效证件名称在甲方工作起始时间

　　　年　　月　　日邮政编码邮政编码

证件号码

家庭住址现居住地址

户口所在地省（市）区（县）街道（乡镇）

签订日期：　　年　　月　　日

根据《中华人民共和国劳动合同法》及有关法律法规规定，甲乙双方本着平等自愿、协商一致、合法公平、诚实信用的原则，签订劳动合同，并承诺共同遵守：

第一条　合同类型和期限甲、乙双方选择以下形式确定本合同期限：

（一）固定期限，自＿＿＿年＿＿＿月＿＿＿日起至＿＿＿年＿＿＿月＿＿＿日止，

共个月

（二）其中试用期自＿＿＿＿年＿＿＿＿月＿＿＿＿日起至＿＿＿＿年＿＿＿＿月＿＿＿＿日止，共个月。

（三）乙方应在＿＿＿＿年＿＿＿＿月＿＿＿＿日前到岗。

注：《中华人民共和国劳动合同法》调整了《中华人民共和国劳动法》关于劳动合同终止的规定内容，取消了劳动合同的约定终止，规定劳动合同只能因法定情形出现而终止。也就是说，劳动合同当事人不得约定劳动合同终止条件。即使约定了，该约定也无效。

规定到岗时间的理由在于：《中华人民共和国劳动合同法》规定劳动关系的建立日为用工之日（一般情况以到岗为准），劳动者签订合同后一直不到岗，企业不能随便解除合同，法律风险和成本很高，应约定到岗时间，以便后面约定本合同的自动失效。

第二条 工作内容和工作地点

（一）根据甲方工作需要，乙方同意从事岗位工作，根据甲方的工作需要，经甲乙双方协商同意，可以变更工作地点。

（二）乙方应按甲方的要求，按时完成规定的工作数量，达到规定的质量标准。

注：工作地点是《中华人民共和国劳动合同法》新增的必备条款。对于类似"因生产经营需要，劳动者愿意服从用人单位调整工作岗位"或"用人单位有权根据生产经营需要调整劳动者工作岗位"等条款，不再写入合同。原因在于：调整工作岗位属于变更合同行为，按照《劳动合同法》规定，变更需采用书面形式。因此，此约定涉嫌剥夺劳动者的合同协商变更权，用人单位免除自己的法定责任、排除劳动者权利的条款无效。

第三条 工作时间和休息休假

（一）乙方实行以下几种工时制。

1. 实行固定工作制的，平均每日工作时间不得超过8小时，平均每周工作时间不得超过60小时。

2. 实行不定时工作制的，工作时间和休息休假甲乙双方协商安排。

（二）甲方因工作需要安排延长乙方工作时间的，应依法安排乙方同等时间补休或支付加班加点工资。

注：加班加点工资标准应按国家相关规定明示于合同中。

（三）乙方依法享受国家规定的节假日和本单位规定休假制度。

注：工作时间和休息休假是《劳动合同法》新增的必备条款。

第四条 劳动保护和劳动条件

（一）甲方根据生产岗位的需要，按照国家有关劳动安全、卫生的规定为乙方配备必要安全防护措施，发放必要的劳动保护用品。

（二）甲方根据国家有关法律、法规，建立安全生产制度；乙方应当严格遵守甲方的劳动安全制度，严禁违章作业，防止劳动过程中的事故，减少职业危害。

（三）甲方应当建立、健全职业病防治责任制度，加强对职业病防治的管理，提高职业病防治水平。

注：劳动保护、劳动条件和职业危害防护是《劳动合同法》新增的必备条款。

第五条 劳动报酬

（一）乙方试用期的基本（固定）工资标准为元/月，乙方在试用期期间的工资为元/月，绩效工资根据乙方的业绩考核情况核定。

（二）乙方试用期满后，甲方应根据本单位的工资制度，确定乙方实行以下几种工资形式：

1. 计时工资。乙方的工资由基本（固定）工资和绩效工资组成。基本（固定）工资为——元/月，绩效工资根据乙方的业绩考核情况核定。如甲方的工资制度发生变化或乙方的工作岗位变动，按新的工资标准确定。

2. 计件工资。甲方应制定科学合理的劳动定额标准，计件单价按甲方的有关制度为准。

3. 其他工资形式。具体约定如下：

（三）甲方（或甲方指定的单位）应以货币形式按月支付乙方工资，发薪日为每月日？若乙方提供了正常劳动，甲方支付给乙方的工资报酬不得低于当地政府规定的最低工资标准。

注：本合同应注明劳动者的基本（固定）工资标准，绩效工资由业绩考核确定。"甲方指定的单位"解决的是劳动合同所在单位和工资支付单位分离的情况，即"外派用工"的情形。"25日"比正常发薪时间延后5日，规避有时合理期间晚发工资的情况。

（四）合同期内，甲方应视乙方的工作表现情况，给予乙方提高工资待遇的机会。

注：加薪情况应明示与合同中、第六条社会保险和福利待遇

第六讲　熟知《劳动合同法》和社会保险相关知识

（一）甲、乙双方必须依法参加当地政府规定的法定社会保险，并按照国家有关规定按时向劳动保障部门所属社会保险机构缴纳社会保险费，其中乙方应缴纳部分由甲方从乙方工资中代扣代缴。

（二）乙方因工负伤（死亡）和患职业病，依法享有获得医疗救治、经济补偿的权利。

（三）乙方在劳动合同期内患病、非因工负伤，依法享有国家规定的医疗期。

（四）乙方的福利待遇按国家及甲方的规定执行。

第七条　劳动合同的变更、解除、终止、续订

（一）有下列情形之一的，甲、乙双方可以变更本合同：

1. 在不损害国家、集体和他人利益的情况下，双方协商一致的。
2. 劳动合同订立时所依据的客观情况发生了重大变化，经与乙方协商一致的。
3. 由于不可抗力的因素致使劳动合同无法完全履行的。
4. 劳动合同订立时所依据的法律、法规已修改的。
5. 法律、法规规定的其他情形。

（二）乙方有下列情形之一的，甲方可以解除本合同：

1. 在试用期间，被证明不符合录用条件的。

注：人力资源部门应保留招聘资料，以保留录用条件的证据。

2. 严重违反劳动纪律及甲方规章制度的。
3. 严重失职，营私舞弊，给甲方利益造成重大损害的。
4. 同时与其他用人单位建立劳动关系，对完成甲方工作任务造成严重影响，或者经甲方提出，拒不改正的。
5. 以欺诈、胁迫的手段或者乘人之危，使甲方在违背真实意思的情况下订立或者变更劳动合。
6. 被依法追究刑事责任的。

注：依据《中华人民共和国劳动合同法》第39条修订，对员工欺诈的情形，也可依据第39条第5项解除劳动合同。

（三）有下列情形之一的，甲方可以解除本合同，但是应当提前30日以书面形式通知乙方：

1. 乙方患病或者非因工负伤，医疗期满后，不能从事原工作也不能从事由甲方另行安

排的工作的。

2. 乙方不能胜任工作，经过培训或者调整工作岗位，仍不能胜任工作的。

劳动合同订立时所依据的客观情况发生重大变化，致使原劳动合同无法履行，经甲、乙双方协商不能就变更劳动合同达成协议的。

（四）有下列情形之一的，乙方可以解除此合同：

1. 甲方不能按时按量提供乙方合理报酬的。

2. 甲方未能按时按量提供乙方保险福利的。

3. 甲方不能提供乙方合理岗位和培训机会的。

4. 甲方不能为乙方提供更好发展机会的。

注：依据《劳动合同法》第40条拟订，无变化。

第八条　其他约定条款

1. 凡由甲方出资培训乙方，双方另行签订《培训/教育协议》，因乙方原因而提前解除劳动合同，乙方应赔偿甲方的培训等费用，具体赔偿标准执行《培训/教育协议》的约定。

2. 乙方在签订劳动合同之前，甲方有权了解乙方与劳动合同直接相关的基本情况，包括但不限于劳动者的学历、履历、资格或任职证书（明）以及以前劳动关系是否解除或终止等。劳动者应当如实说明，并应书面承诺其真实性。若因故意漏报、隐瞒前述基本情况，骗取甲方签订劳动合同的，经甲方查出或被原单位追诉的，视为乙方的欺诈行为并导致甲方的严重误解，甲方有权依法申请认定本合同自始无效，由此给甲方造成的损失，应由乙方全额承担。

3. 乙方未按照本合同第一条规定的到岗日到岗的，本合同自到岗日满后自动失效，但甲方认可的除外。由此给甲方造成的损失，应由乙方全额承担。

4. 本合同的附件与本合同具有同等效力。但如果本合同的条款与附件内容有任何冲突或不一致之处，则以附件中的内容为准。

5. 本合同履行过程中，若甲方变更名称、法定代表人或者主要负责人、投资人等事项，不影响本合同履行；若甲方发生合并或分立等情况，本合同继续有效，由承继单位继续履行。

6. 乙方在合同期内，属其岗位职务行为或主要利用甲方的物质技术条件所产生的所有专利、版权和其他知识产权归甲方所有，乙方无权进行商业性开发。

第六讲　熟知《劳动合同法》和社会保险相关知识

7. 双方签订本合同后，乙方不得在合同期内再受聘其他任何单位从事与甲方相同或类似或有竞争冲突的业务。

8. 乙方对在合同期间得到的有关甲方及其关联公司的情报、信息等商业秘密进行保密，不得将其泄露给任何第三者（亦包括无工作上需要的甲方雇员）。乙方违反保密义务则被视为严重违反本合同，并认为有足够的理由被辞退。此种保密义务在本合同终止或期满后的任何时间对乙方仍有约束力。

注：商业秘密和竞业限制、专项培训只在主合同中做原则约定，另行签订协议处理。

第九条　本合同未尽事宜，法律法规有规定的，按法律法规规定执行；法律法规没有规定的，由双方协商解决；双方协商一致，可以变更本合同。若双方协商不成或者发生劳动争议，应当依法向调解机构申请调解，或者依法申请劳动争议仲裁、向人民法院起诉。

第十条　本合同一式份，自双方签字盖章之日起生效；双方至少各执一份。

甲方应按规定建立职工名册备查，并向劳动部门办理备案手续。

甲方（盖章）　　　　　　　　　　　乙方（签名）

法定代表人、负责人

或委托代理人（签名）：

　　　年　　月　　日　　　　　　　　年　　月　　日

　　职场中存在诱惑和陷阱，而尚未毕业正在找工作的学生们往往经验不足，对一些带有欺骗性的录用手段不设防备之心，入职工作时就会出现很多问题。所以，如何签订一份高质量的合同，是很多当事人常常面临的问题。所以我们应该提高个人的法律意识，要时刻重视对有关劳动法律知识的学习，要利用国家保护劳动者的法律、法规来维护自己依法享有的权益。

签订一份劳动合同必须注意些什么？

第三单元 求职与面试

第一讲 如何了解一个企业

引例一

2017年5月，正是毕业生就业的高峰时期，张军为了找工作忙得焦头烂额，只要有用人企业招聘，就急着去应聘。恰在此时，太原某材料厂来招聘焊工10名。该企业注册资金为30万，年产值200万，属小规模民营企业，经营范围主要是钢材制品，业务来往主要是大型钢铁公司。要求持有焊工操作证者优先。因企业紧缺焊工，时间仓促，来时忘记带招聘简章和企业简介，毕业生和企业之间没有更多的了解和交流。张军和其他9名同学经过面试、专业考核、实际操作后被录用。

经过在企业一个月的培训和学习，10名同学都走上了焊工岗位。由于企业规模小，对员工的生活和管理松散，没有严格的管理制度，加之产品也较粗糙，缺少检验程序，就上市供货，导致业主对产品失去信任，生产效益一路下滑，张某和其他9名同学只得相继离开企业，过了半年后，企业宣告倒闭。

讨论：张军离开企业的原因何在？面对招聘企业，毕业生应如何了解它？

引例二

2017年12月，某铁路公司在××铁路机械学校多媒体教室组织学生面试。招聘对象是男生，招聘人数20人，招聘工种是钳工和焊工。当公司招聘人员推门而入时，约80个座位，座无虚席。这其中，有已经报过名的，也有听说有招聘单位面试就跑过来的。招聘人员环顾四周，发现有一个女生也来参加面试，于是不解地问："你知道我们公司是个什么样的单位吗？"她眨了眨眼，摇头说："不知道"。招聘人员感到惊奇地问："那你为什么要过来呢？"她低声说："听说有企业在这里面试，

第三单元　求职与面试

就跟着过来了"。于是招聘人员把公司的性质、招聘要求、招聘工种给她详细地讲了一遍，她知道后面带羞涩离开了招聘现场。

随后，公司的招聘人员向在座的毕业生们详尽介绍了企业的基本情况、用人制度、岗位要求、工作条件、生活环境以及工资待遇等相关情况。经过半小时的讲述后，分组进行面试，多数同学表现出色，能用所学专业知识与企业交流。可有的同学却口无遮拦，掌握不好分寸。竟有一位同学向招聘者问道，公司附近有没有网吧、台球厅等问题，结果大家可想而知。

最后，有18人被该铁路公司正式录用。

讨论：参加面试人数较多，为何企业只选了18人，分析其中原因？

引例三

2017年3月，小李和小王听说上海某造船厂要来学校招聘焊工，有中级焊工证书者优先。由于俩人专业对口，又是班里优秀学生干部。但他们从未听过该企业，更谈不上了解，可又不想错过这次机会。于是俩人商量后，决定亲自前往上海，对该企业进行实地了解。到达企业后，打听到公司领导的办公室，敲门而入，自我介绍，说明来意，顿时令该企业领导倍感吃惊，没有想到两个来自太原的学生能跑到遥远的上海来了解企业的情况，精神可嘉。随后，该领导亲自热情接待，并带领他们参观了整个造船厂。

最后，企业来学校招聘时，小李和小王积极应聘，顺利通过面试，被该企业录用。

讨论：小李和小王的做法有什么可贵之处？可以借鉴吗？

案例分析

学生在求职过程中，首先要根据自己的所学专业和特长，来选择企业。其次，了解企业也同样重要。

但对于中职生来讲，大部分时间在学校学习，很少有走进企业的机会，企业究竟需要怎样的员工，应该具备怎样的素质，的确很难了解。

那么，中职生如何才能了解企业呢？

第一讲 如何了解一个企业

1. 学校就业指导部门

学校的就业指导部门不仅仅能够帮助毕业生了解当前国家有关就业的方针政策和学校毕业生的急体就业情况，为广大毕业生提供有效的就业指导，而且往往收集了大量的用人单位的基本情况，是权威发布用人单位的招聘对象、招聘岗位、招聘条件、薪水福利等招聘信息的重要部门，对于毕业生了解企业，进而正确择业，起着很强的导向作用。

一般企业到学校招聘时，会联系学校的就业指导部门做广泛的宣传。毕业生可以通过学校就业指导部门的就业宣传栏、校园网招聘信息以及发放到各级学生管理部门的招聘简章来了解招聘企业的情况。如果想要进一步深入了解招聘企业，还可以直接到学校的就业指导部门进行个别咨询。

2. 个人的社会关系

个人的社会关系主要指的是长辈、亲戚、朋友、同学等。利用个人的社会关系来了解企业、选择企业，已经成为当今毕业生就业的一种重要途径，而且呈逐年上升的趋势。毕业生在就业时，应尽量利用好自己个人的社会关系，集思广益，以求找到适合自身发展的企业。

面对诸多企业，毕业生不要盲目决断，可以尽量向长辈、亲戚、朋友咨询了解情况。毕竟毕业生刚踏入社会，缺乏社会经验，往往会受到一些企业招聘简章上的待遇诱惑。通过亲朋好友全方位地搜集信息，可以做出正确的分析和判断，然后准确出击。

3. 相关政府行政主管部门

相关政府行政主管部门主要指的是教育行政主管部门和劳动行政主管部门，它们为广大的劳动者建立了规范的就业人才市场，掌握着大量的用人单位招聘信息和毕业生求职信息等资源，可以保证用人单位提供信息的安全性和可靠性。因此，相关政府行政主管部门也是毕业生了解企业基本情况的一种有效途径。

毕业生可以充分利用相关政府行政主管部门提供的各种信息资源，了解企业的相关背景和招聘职位的要求。许多用人单位和政府开办的人才市场建立了长期稳定的合作关系，并在此建立了档案，为企业和广大毕业生搭建了交流的平台。相关政府行政主管部门对企业的严格把关，切实保证了企业信息的真实性，为毕业生就业提供了可靠的保障。

4. 计算机网络和大众媒体

随着科学技术的飞速发展，计算机网络作为新型的传播媒体，正在阔步走进人们的生活，并逐渐被人们所接受、认可和利用。计算机网络和大众媒体以其强大的覆盖面和巨大

第三单元　求职与面试

的信息量,已经越来越成为广大毕业生求职就业的重要途径。

现如今许多企业都建立了自己的网站,并且善于利用大众媒体宣传自己的企业文化。其特点是可以跨越时空、区域来展示企业的产品、技术、经营理念、企业形象,极大地提高了企业的知名度。所以,毕业生可以通过计算机网络和大众媒体对企业进行更深入的了解,并最终做出正确的抉择。

5. 实地考察

对于一个初出茅庐的毕业生来说,实地考察企业的确有点儿困难,无论从企业的路途远近,还是从学生的经济条件,都不太现实。但如果跨出这一步,就可一览庐山真面目。真实的企业文化大多需要你深入企业后才能感受到。不要只看重于纸面上的东西,说得头头是道,现实情况可能和招聘宣传会有差距。所以要和企业接触,亲临现场,观察企业的生产、管理、员工生活等方方面面。通过亲身的经历和所见所闻,来判断企业是否适合自己发展。正如[引例三]中的小李和小王那样,确定企业目标,不怕辛方劳累,长途奔波,凭着执着的追求和坚持不懈的努力,最后取得了求职成功。

注意事项

了解一个企业一定要牢记以下几点。

(1) 禁忌病急乱投医,对症下药是良策。

(2) 纸上谈兵是诱惑,市场调查必须做。

(3) 了解企业要全面,知己知彼最关键。

相关知识

一、什么是企业

1. 企业的概念

企业是从事生产、流通、服务等经济活动,以生产或服务满足社会需要,实行自主经营、独立核算、依法设立、具有经济法人资格的一种营利性的经济组织。

简言之，企业就是指依法设立的以营利为目的、从事商品的生产经营和服务活动的独立核算经济组织。

2. 企业的特征

企业的基本特征有：①经济性；②营利性；③财产独立性；④组织完备性；⑤社会性；⑥合法性。

3. 企业的历史由来

对于中国而言，企业一词并非我国古文^所固有，和其他一些现在已经广泛使用的社会科学词汇一样，是在清末变法之际，由日本借鉴而来。而日本则是在明治维新以后，引进西方的企业制度过程中，从西文翻译而成。因此，探询企业的语源，绝不能从我国和日本的词语构成入手，只能着眼于移植的"母体"，即西方语汇。

与企业一词相对应，英语中称为enterprise，法语中称为enterprise，德语中称为unternehmer，由于欧洲语言大多受到拉丁语的强烈影响，且基于历史原因与地理因素，各国之间不断地移植与融合，使其词汇构成与内涵极为相似。以英语为例，企业一词由两个部分构成，"enter-"和"-prise"，前者具有"获得、开始享有"的含义，可引申为"盈利、收益"；后者则有"撬起、撑起"的意思，引申为"杠杆、工具"。两个部分结合在一起，表示"获取盈利的工具"。

日本在引进该词时，意译为"企业"，从字面上看表示的是商事主体企图从事某项事业，且有持续经营的意思。据此，可以认为，企业一词在语源意义上是作为权利客体存在的，它是"主体从事经营活动，借以获取盈利的工具和手段"或者"创制企业和利用企业进行商事营业活动并非商事主体的终极目标"，其最终目的无非是为了"谋求自我利益的极大化"。

二、企业有哪些类型

目前我国因划分企业的标准不同，企业的类型也有所不同，具体划分如下。

（1）按照企业财产组织方式划分为：独资企业、合伙企业、公司企业。

（2）按照企业组织形式划分为：公司企业和非公司企业。公司企业又分为有限责任公

第三单元　求职与面试

司和股份有限公司。有限责任公司包括自然人独资、法人独资、自然人投资或控股、国有独资、外商投资、外商独资；股份有限公司又分为上市公司和非上市公司。

（3）按照企业所有制形式划分为：全民所有制企业、集体所有制企业、外商投资企业（包括中外合资经营企业、中外合作经营企业和外商独资企业）及私营企业。

（4）按照企业在社会再生产过程中职能划分为：工业企业、商业企业、建筑企业、金融企业等。

三、企业的其他相关知识

1. 岗位

在特定的组织中，在一定的时间内，由一名员工承担若干项任务，并具有一定的职务、责任和权限时就构成一个岗位。

岗位一般划分为管理岗位、专业技术岗位和工勤技能岗位3大类。

2. 工资

工资是指用人单位依据国家有关规定和劳动关系双方的约定，以货币形式支付给＞员工的劳动报酬。如月薪酬、季度奖、半年奖、年终奖。

依据法律、法规、规章的规定由用人单位承担或者支付给员工的下列费用不属于工资：①社会保险费；②劳动保护费；③福利费；④用人单位与员工解除劳动关系时支付的一次性补偿费；⑤计划生育费用。

工资可分为计时工资和计件工资，两种工资计算方法如下。

采用月薪制计时工资时，计时工资的计算公式为：

$$应付计时工资 = 月标准工资 - 日工资额 \times 缺勤天数$$

其中，月标准工资可以根据工资卡片的记录取得，缺勤记录可以根据考勤记录取得，日工资率的计算方法有如下两种。

（1）每月固定按30天计算，日工资率为每月标准工资除以30天，即

$$日工资率 = 月标准工资 /30$$

采用这种方法计算日工资率时，缺勤期间的节假日也视为缺勤，照样要扣工资。

（2）每月按21天计算（全年365天扣除法定节假日7天及104个公休日，再用12个

月平均），日工资率为全月标准工资除以 21 天，即：

$$日工资率 = 月标准工资 / 21$$

采用这种方法计算日工资率时，缺勤期间的节假日、星期天不算缺勤，不扣工资。

采用月薪制计件工资时，计件工资的计算公式为：

$$应付计件工资 = （合格品数量 + 料废品数量）\times 计件单价$$

如果工人（或小组）在 1 个月内加工多种不同产品，而且各种产品的计件单不同时，则分别按上式计算每种产品的计件工资后汇总即为应付该职工（小组）的计件工资额。

上述公式中的计件单价，应该是某种产品的定额工时数，乘以制造该种产品所需要的某种等级工人的小时工资率求得。

实际工作中，计件工资还可以按完成定额工时乘以工时单价（经测算确定的小时工资率）计算。

计算月份内完成的各种产品的定额工时数，公式为：

$$完成定额工时数 = \sum（每种产品完成数量 \times 该种产品单位定额工时）$$

其中产品完成数包括合格产品数量和料废品数量。

根据定额工时数和小时工资率计算应付计件工资，公式为：

$$应付计件工资 = 完成定额工时数 \times 工时单价$$

3. 福利

福利是指工资之外的企业分配，福利形式包括现金、物质、假期和专项服务等。包括法定福利和企业福利。

法定福利是国家通过立法强制实施的对员工的福利保护政策，包括社会保险和各类休假制度。

（1）社会保险。它是国家通过立法手段建立的，旨在保障劳动者在遭遇年老、疾病、伤残、生育及死亡等风险和事故，暂时或永久性的失去劳动能力或劳动机会，从而全部或部分丧失生活来源的情况下，能够享受国家或社会给予的物质帮助，维持其基本生活水平的社会保障制度。它包括：养老保险、医疗保险、失业保险、工伤保险和生育保险。

（2）法定假期。企业职工依法享有的休息时间。在法定休息时间内，职工仍可获得与工作时间相同的工资报酬。我国《劳动法》规定的职工享有的休息休假待遇包括 6 个基本方面：①劳动者每日休息时间；②每个工作日内的劳动者的工间用膳休息时间；③每周休

第三单元　求职与面试

息时间；④法定节假日放假时间；⑤带薪年休假休息；⑥特殊情况下的休息如探亲假、病假休息等。

企业福利是指企业自主建立的，为满足职工的生活和工作需要，在工资收入之外，向雇员本人及其家属提供的一系列福利项目，包括货币津贴实物和服务等形式。企业福利计划比法定福利计划种类更多，也更加灵活。其种类有以下几种。

（1）收入保障计划。旨在提高职工的现期收入（利润分享和员工持股计划）或未来收入（企业年金、团体人寿保险）水平的福利计划。主要形式：企业年金、人寿保险、住房援助计划。

（2）健康保健计划。由于社会医疗保障的范围和程度的有限性，客观上为企业建立补充医疗留下了空间。在发达国家，企业健康保健计划已经成为企业的一项常见的福利措施，如在美国，企业通过至少3种方式为员工提供健康福利计划。一是参加商业保险；二是参加健康保险组织；三是参加某个项目的保险。

（3）员工服务计划？除了以货币形式提供的福利以外，企业还为员工或员工家庭提在帮助员工克服生活困难和支持员工事业发展的直接服务的福利形式。主要有：雇员援助计划、雇员咨询计划、教育援助计划、家庭援助计划、家庭生活安排计划和其他福利计划。

面对企业来学校招聘时，如何才能更好地了解招聘企业，了解需求岗位，找到适合自己的理想企业，是中职生眼前的一道难题。

由于我们缺乏对企业的了解，对岗位的了解，常常会出现人云亦云，相互参照的现象。例如，有来自太原和北京的两家企业同时招聘，班里的某一同学喜欢在太原发展，而其他同学不假思索，看见他去太原，你也去，我也去，随后班里大部分人都想去。这样盲目地从众选择，会造成用人单位找不到合适的人选，毕业生自己也找不到理想的企业。

毕业生对企业进行了解，应该主要依靠学校的就业指导部门，或向亲朋好友咨询，并学会利用互联网、电视、报纸、杂志等大众传媒搜集企业的相关信息。在条件允许的情况下，还可以亲自前往企业进行实地考察，更好地对企业文化、生产、员工生活等多方面进行深入了解。

第一讲　如何了解一个企业

俗话说："一技之长行天下"。现在，有一技之长的中职生已经被越来越多的企业所认可。所以，中职毕业生要充满信心，准确定位自己，深入了解企业，最终成功就业。

如何了解一个企业？

第二讲　怎样编写求职简历

求职简历与普通简历不同，是求职者需要在求职过程中首先需要准备的个人文件。普通简历通常是全面介绍个人一般情况的，而求职简历要针对特定的工作岗位而制作，目的在于找到一份合适的工作。可以说，好的求职简历是求职者个人素质与水平的镜子，是推销自己的宣传单，是争取面试资格的护照，甚至会成为扣开用人单位大门的敲门砖。

引例

个人求职简历

姓名	苗三	籍贯	某省某县	
性别	男	出生年月	1990.10	照片
政治面貌	团员	专业	计算机及应用	
入学时间	2006.9	技能		
健康状况	良好	毕业学校	××铁路机械学校	
特长	游泳唱歌旅游	手机	13012345678	
家庭成员	父亲苗某工人			
	母亲席某农民			
奖励	优秀学生			
个人评价	学习勤奋，团结同学，渴望通过工作为国家做贡献			
求职意向	与计算机有关的工作			
备注	学业已经修完，毕业证还没办下来			

从求职者和招聘者的角度，分析指出上表存在的问题，并写出正确的内容：

存在的问题正确的内容

1.

```
2.
3.
4.
5.
6.
7.
8.
9.
10.
```

案例分析

求职简历可以是一封用于求职的自荐信、应聘信，或是一份自制的简历表、招聘单位发给你填写的简历表。

在不知道你想去的单位眼下是否招人的情况下，使用自荐信（求职信）或者自己已经制作好的简历表；得知某单位正在招聘不同岗位的人员，你了解清楚有关情况，希望被招上，成为其中的一员，使用应聘信或填写好招聘单位发的简历表递上去，或者递上有针对性的简历表。

书写、制作、填写求职简历的目的都是为了引起单位的注意，以求自己能够进入笔试或面试阶段，最终能够顺利就业。为了实现这一目的，吸取［引例］当中所举例子的教训，先不要看后面的简历表，自己试着制作一份较好的求职简历表。制作完成后再对照下表进行修改、完善。

第三单元　求职与面试

例一：个人求职简历

个人求职简历

姓名	王某	性别	男	照片
籍贯	山西吕梁	出生年月	1990年5月	
政治面貌	团员	专业	数控技术应用	
入学时间学制	2006年9月 三年	技能证书	数控车工证（中级） 计算机操作高级工	
健康状况	良好	毕业学校	××铁路机械学校	
特长	机械操作平面设计	身份证号 手机/QQ	××××××	
通信地址	030006 山西省太原市坞城东街20号太原铁路机械学校数控0616班			
主修课程	数控技术应用可编程控制器及应用机械制造与原理电工电子机械制图工厂电气控制机械设备操作与维修			
求职意向	第一意向：数控机床操作工第二意向：电工第三意向：数控程序员平面设计员网络维护员			
学习经历	2006.7 吕梁市第10中学初中毕业曾任班长 2009.7 太原铁路机械学校中专毕业曾任学委在学期间进行了电工与数控机床操作工操作实习			
家庭成员	父亲，王××，吕梁××煤矿工人，母亲，李××，吕梁某乡某村务农			
所获荣誉	2004年5月校级学习标兵 2006年10月校级军训优秀生 2007年8月代表学校参加省里组的技能大赛获数控车床操作获二等奖			
个人评价	吃苦耐劳、责任心强；学习认真、喜欢钻研；踏踏实实、善于合作；活泼开朗、乐观向上；适应力强、勇于迎接新的挑战；愿为单位与国家做贡献			
备注	所附复印件1：技能鉴定证复印件两份所附复印件2：荣誉证书复印件两份			

例二：求职信

不知某单位是否招人，自己又很想去这个单位工作，只能先寄去一封自荐信或求职信，投石问路。写的时候可以参考下面的求职信。

求职信

尊敬的某某公司人力资源部部长：

  您好！

  我叫张某某，现就读于××学校数控技术应用专业，将于2017年7月毕业。现正进行顶岗实习。感谢您在百忙之中抽空阅读我的自荐材料。我非常希望能在贵公司找一份工作。

  贵公司的业绩有目共睹，"精益求精、勇立潮头"的企业精神更加吸引年轻人。我想，能够在这样一个和谐高效的公司工作，是多么光荣的事情，既能为公司、社会、国家创造新的价值，又能使自己得到发展、快些进步。

  我学的专业是数控技术应用，现已修完所有课程，成绩优秀。

  随信所附成绩表请您过目。我已经取得数控车床中级证和电工中级证。我渴望成为贵公司一名数控机床操作工。

  我是农村来的孩子，我不怕吃苦，责任心强。中专文凭虽然不高，但我有较强的动手能力。在校期间由学校选拔参加了省级中职学校技能大赛，我获得了数控车床操作项目的二等奖。

  我清楚地知道，成绩只能说明过去，我还会不断钻研、继续进步。

  如果贵公司给我个机会，我将会务实进取、创造新的成绩。我相信，您和公司的知遇，会成为我工作的动力，时刻鞭策着我，使我在工作中实现自己的价值，为公司和社会献出青春与智慧。

  静候您的回音。

    此致

敬礼！

张某某
2017年6月6日

附：

我的手机号码：13211111111 E-mail：zmm@126.com

成绩表、获奖证书复印件。

第三单元　求职与面试

例三：应聘信

如果已经知道某单位正在招人，自己很想去这个单位工作，就投递一封应聘信。写的时候可以参考下面的应聘信。

应聘信

尊敬的某某公司人力资源部部长：

  您好！

  我叫张某某，现就读于××学校数控技术应用专业，即将于2017年7月毕业。现已经修完所有课程，正在进行顶岗实习。从某某晚报得知贵公司正在招聘员工，特递上本人的应聘信。感谢您在百忙之中抽空审读我的材料。我渴望成为贵公司的一名数控机床操作工。

  贵公司的业绩有目共睹，"精益求精、勇立潮头"的企业精神更加吸引年轻人。我想，能够在这样一个和谐高效的公司工作，让人感到多么光荣，既能为公司、社会、国家创造新的价值，又能使自己得到发展、快些进步。

  我学的专业是数控技术应用，全部课程均已修完，成绩优秀。随信所附成绩表请您过目。另外，我已经取得数控车床操作工中级证。

  我是农村来的孩子，我不怕吃苦，责任心强。中专文凭虽然不高，但我有较强的动手能力。在学期间由学校选拔参加了省级中职学校技能大赛，我获得了数控车床操作项目二等奖。

  我清楚地知道，成绩只能说明过去，我还会不断钻研、继续进步。如果贵公司给我个机会，我将会务实进取、创造新的成绩。我相信，您和公司的知遇，会成为我工作的动力，深刻给我以鞭策，使我在工作中实现自己的价值，为公司和国家献出青春与智慧。

  静候您的回音。

    此致

敬礼！

李某某
2017年6月6日

附：

我的手机号码：12345678910 E-mail：lmm@126.com

成绩表、获奖证书复印件。

编写要点

一、求职简历表的编写要点

（1）定位准确。招聘者阅读求职者的简历是为了招到合适的员工，他们主要想知道你会干什么活儿、可以为单位做什么，不是为了欣赏你的简历多么漂亮、多么花哨，所以，含糊笼统、没有针对性的简历会使招聘者感到莫名其妙，求职者自然会失去机会。因此，求职者一定要为自己进行正确定位。首先自己要明确自己到底会干什么、最能干的是什么，然后通过简历清楚明白地告诉用人单位。

（2）点面结合。简历是个人情况的高度概括，应当做到点面结合。"点"指重点，"面"指全面。内容包括个人概况（姓名、性别、出生年月、健康状况、毕业学校、所学专业、电话、通信地址与邮编等）、教育背景（中学阶段以来的学习经历）、在校主修课程、求职意向、基本技能、获奖情况、自我评价等。要突出自己的能力、成绩以及已有的经验，这样才会使你的简历富有特色而更加出众。不写与求职无关的内容，比如，喜欢听流行音乐、爱看武打书、爱玩电子游戏一类的。

（3）真实可信。要表现自己的优点与长处，但不要为了好听好看而编造没有的事情或是夸大成绩。比如，担任过班干部就写上，没有担任过就别写；在比赛中获了二等奖，不必写成一等奖。如果作假被揭穿，肯定会被刷下去，甚至已经被录用而被人举报有重大作假行为，还是会被刷下去。没有人喜欢说谎的人，没有单位喜欢被员工欺骗。

（4）简短明了。简历表一定要用一张纸表现。雇主一般只会花 20 秒左右来扫视你的简历，发现亮点可能会多看两眼，然后决定是否给你面试的机会，所以，简历简短明了效果才好。"简"历千万不能编成"繁"历。要直奔主题，不要啰嗦、唠叨。

（5）整洁醒目。简历的外表不求华丽，但要干干净净、整整齐齐、清晰醒目。排版要

第三单元　求职与面试

合理，让人看着舒服。比如，"求职简历"4个字要稍微大一些，可用小二号，还应当粗化；下面的字略小些，采用小四号字。要用电脑打印出来，让用人单位的人看着舒服。

二、求职信、应聘信的编写要点

（1）换位思考。求职信、应聘信写什么或怎样写，不能全从主观出发。你要想想：假如自己是招聘者，希望从求职信里看到什么？这样思考一下，写什么内容、怎样遣词造句、如何谋篇布局就好决定了。要想着你能为用人单位做什么，而不是要求人家为你做什么。

（2）具备要素。求职信、应聘信一般包括4部分。第一部分是个人基本情况、你要申请的职位或你是怎样得知该职位招聘信息的；第二部分是你对贵单位的简单了解、个人技能等；第三部分是对自己的综合评价，结合自己较突出的成绩，再次表示自己的愿望，静候回音，敬礼；第四部分是落款与联系方式（电话、E-mail等），必要时注明附件。

（3）不宜太长。普通求职信应当以一页为宜，600字左右就好。特别要注意不能在文字、语句上有错误，不得出现错字、别字、病句、文句不通、思维混乱等现象。不能是简历表的翻版，应与简历表区分开，有自己的特点。

（4）重点突出。求职信、应聘信要简洁明了、突出重点。什么是重点？在实事求是的前提下，你的长处、技能无疑是重点。有真本领就能增加获得面试的机会，体现出了你的聪明才智，才有利于谋求到一份理想的工作，鸡毛蒜皮、不着边际的内容统统不要写。

讲究形式。一般要打印出来，一式数份。如果你的书法很好，不妨亲笔书写，在展现专业技能的同时，也展示了你的硬笔书法水平。如果招聘者明确要求"一律打印在A4纸上"，就打印好了。

注意事项

一、求职简历表编写与使用应注意的问题

（1）通常打印在一张A4纸上。勿以为两张或三张的效果会比一张来得好。

（2）简历表的风格应当朴素、大方、干净，勿进行过多的修饰或者彩喷。

（3）要简洁明了，但内容不能丢三落四，该有的项目必须具备。自己制作时可参考教材上的，也可上网搜索一些，结合自己的特点来制作。

（4）把自己的长处和才能表现出来，不要遮遮掩掩，搞得含含糊糊。谦虚是美德，学会推销自己也是好事。要让别人对你有信心，自己先要有信心。不要对自己的求职情形和人生态度有消极的表现。

（5）投递简历表前如果能与你想去的单位联系一下更好，如果人家不要备注里的材料，就不要寄了。他们也可能要求你面试时再带上那些材料（复印件与原件），根据人家的要求办。被要求留下材料，只留复印件为妙，原件出示、验证后最好带走。

（6）"特长"尽量与求职有关。最好要有"求职意向"或"应聘岗位"。"学习经历"一般从中学阶段开始。"家庭成员"通常写上父母就行了，不要把大姑二姨、三叔四舅、兄弟姐妹全写上。"实习经历"也比较重，在学校的实习，最好也写上，单位比较重视实践经历。

（7）求职简历表可以单独使用，也可配合求职信或应聘信使用。如果是当面应聘，人家给你发张表让你填，通常就没必要把自己设计制作的求职简历表附在后面了。

二、求职、应聘信编写及使用应注意的问题

（1）搞清楚求职信与应聘信的区别，不要用错了场合闹出笑话。

（2）四部分内容不要有所丢失。丢三落四不仅搞得内容不完整，而且会让用人单位觉得你太不成熟。

（3）求职信、应聘信能从一些方面反映一个人的综合素质。格式要规范，内容要全面，重点要突出，语句要谦和，表现出自己的实力与信心，让人对自己感兴趣。如果太显平庸，会给人留下素质不高的感觉，就会失去机会。

（4）切忌过分吹嘘。从求职信中看到的不只是一个人的经历，还包括品格。有一说三是明显的撒谎，过度的自信就成了自负。

（5）不要自以为是、以上压下。比如，"现已有多家公司要聘我，所以请贵公司从速答复。"这样的语句会弄巧成拙。再比如，"某某局长是我的亲戚，很关心我的求职问题，

第三单元　求职与面试

特让我写信给你们，请多多关照。"这样的句子往往会激怒用人单位，他们会觉得你拿上级领导来压我，我就是不买账。

（6）不要给用人单位规定义务、限定时间。比如，"你们如果不录用我，就是对我的不尊重""我是有专长的人才，你们必须录用我，这样才能体现出贵公司一贯尊重人才的策略""本人于7月12日放假回家，敬请人事经理务必于7月10日前复信为盼"等语句，这些做法是很不明智的，让人感到很不愉快。

在求职信、应聘信正式递交之前，给身边有点水平或年龄在35~45岁的人看一下，让他们把把关。这也是求职信撰写中的一个步骤，目的是避免产生歧义，让求职信更好地传达出你所要传达的信息。

相关知识

求职书

求职书一词可以包括求职简历表、求职信、应聘信，也可以单指其中的一种或配合使用的两种。每种的内容与制作要求在本节开头都已谈及。具体怎样使用，视情况而定。自己在求职前都要有所准备。在招聘会上，与招聘者面对面，招聘者明确要求递交什么，就递交什么。不知某单位当前是否招人，就投递求职简历表，或投递求职信加简历表。

（1）求职简历表、求职信、应聘信等是书面的、看得见的东西，但能够反映出表面上看不见的求职者的心态。把不怕吃苦、正视现实、敢于竞争、积极进取的态度反映在简历表、求职信、应聘信上，肯定有助于你打动招聘者的心。

（2）不要把简历表、求职信、应聘信看得太高深、太神秘，向过来人请教、从网上下载一些相关的东西、多问老师问题、进行模拟训练等，就能学到真东西并在实践中应用自如，以便顺利就业。

（3）细节决定成败。简历表、求职信、应聘信都是白纸黑字的东西，不要忽略细小的地方。大大咧咧、马马虎虎、潦潦草草是要不得的。健康、能力、道德都没

第二讲　怎样编写求职简历

有问题，不要因为书面上的一两个小的失误错过好机会。要有对自己负责、机不可失的意识。

（4）"求职意向"涉及工作岗位，怎样确定呢？主要是做到"三个了解"，即了解自己（所受教育、能力特长、健康状况、求职意愿）、了解职业（工作内容、技能要求、行业发展、待遇如何）、了解社会（单位效益、社会需求、竞争系数、社会发展）。每项都能弄清楚，就好选择了。

（5）在就业形势严峻的情况下，不要把自己看得太高，要树立"先就业再发展"的意识，以此指导自己制作好简历表、求职信、应聘信。

给自己准备一份求职简历。

第三讲　求职的途径

引例

郝某某是2017年秋季考入××学校的一名学生，学习铁道车辆运用与检修专业。在校期间，他不但认真努力学习专业知识，还积极参加丰富的校园文化活动，曾荣获优秀学生干部荣誉称号。时光匆匆，到了告别校园生活的时候，该求职就业了。由#专业知识学得比较扎实，而且有多次参加社会实践活动的经历，他对自己的求职充满了信心。看到周围的同学们都围在校园招聘公告栏旁查询信息，他的内心燃起南下求职的念头。他认为同学们太老土了，只能通过学校就业部门这条途径去求职。于是没有和老师、同学们打招呼就独自登上了南下的列车。当其他同学陆续都找到自己满意的工作时，郝某某风尘仆仆地回来了。自己非但没有找到合适的工作，还错过了学校推荐单位的最好时机，真是后悔莫及。

案例分析

请分析上述案例中郝某某求职失败的主要原因是什么？

（1）案例中，郝某某并未认真分析自己所学专业在南方人才市场上的供需情况。

（2）在求职前夕，没有给自己量身定位，没有做好职业规划。

（3）眼高手低的心态非常严重，对于学校的推荐不够重视。

（4）没有选择好就业途径。

郝某某同学的例子就发生在我们周围。可以说，他是一名比较优秀的学生，专业知识过硬、动手能力较强、又有丰富的实践经历，但没有找到合适的工作。究其原因，他不单单是没有认真分析自我、没有做好职业规划、眼高手低，更重要的是没有选择好一条适合自己的就业途径。由此看来，在毕业生就业求职的过程中，求职的途径的确很重要。

第三讲　求职的途径

一般来说，毕业生可以通过以下途径进行求职。

1. 学校就业指导部门

学校的就业指导部门是专门负责毕业生就业工作的职能管理部门，由于长期从事毕业生的就业指导工作，该部门与很多的用人单位都有接触，建立了稳定的合作关系，他们提供的就业信息在数量和质量上都有明显的优势，可靠性高，从而保证了毕业生就业求职有较高的成功率。因此，通过学校就业指导部门求职，应该是广大中职生求职就业最主要的途径。

另外，学校的就业指导部门还肩负着为毕业生就业求职答疑解惑的任务，毕业生在求职过程中遇到一些的难题，可以到就业指导部门进行个别咨询。

2. 招聘会和供需见面会

对于毕业生而言，比较常见的求职方式之一就是参加各级地方政府和人才交流机构主办的人才招聘会。在许多大城市每周都有定期的招聘会。在招聘会上，招聘单位会详细介绍自己的基本情况、岗位要求、应聘者的条件等信息。招聘会的特点是时间集中（尤其是在春季、秋季毕业生毕业的高峰期）、信息量大，但有些时候招聘会上人山人海，简历满天飞舞。在这样的招聘会上，招聘者对当场求职者很难有什么深刻印象，实际的效果有时并不是很好。当然，一些实力较为雄厚的企业会自己组织招聘会，这样的招聘会对当场求职者经过多次筛选，失败率高的同时，求职成功的可能性也高，求职者参加这样的招聘会前一定要慎重对待，认真准备。

同时，特别需要注意某些不法分子和黑心企业利用求职者找工作心切的焦急心理，进行诈骗等违法活动。求职者一定要提高警惕，不要上当受骗。

3. 人脉

人脉就是人际交往网络，俗话说多个朋友多条路。人际关系网络是获得就业的一个重要途径，主要包括家长、亲戚、朋友、同学等。另外，学校的老师以及同校的师兄师姐都是求职信息的可靠来源。比如，许多老师在社会上有着科研协作、校外兼职等活动，他们和许多"对口"的用人单位关系密切，如果他们获得了用人信息，会主动帮助毕业生了解就业信息，并推荐就业。一般说来，通过此种方式获取的信息准确、迅速。家长、亲戚、朋友、同学对自己或自己周围所处的行业比较熟悉，同时对毕业生的情况有一定的了解，所以，通过这种途径求职的成功率也比较高。

第三单元　求职与面试

但是，毕业生应该清楚一件事：人际关系可以助你一臂之力，但是千万不要完全依赖人际关系。求职者必须要有真才实学，才能够满足用人单位的要求。否则，即使侥幸进入用人单位，也会很快发觉不适合岗位需求，甚至被辞退。

4. 借助互联网求职

随着信息时代的到来，互联网已经成为发布信息的最佳手段。现在有许多专业的招聘网站。用人单位和求职者可以通过网络，相互选择，相互交流。网上信息的获取有很大的优势：简便、快速、成本低、信息量大。最新的调查显示，网络已经成为招聘方和求职者重要的交流平台。

信息技术的发展，加快了信息的传输和互动。它消除了时空的限制，给人们提供了广阔的交流空间。一方面，求职者可以从网上查询用人单位的招聘信息，主动出击；另一方面，可以在网上建立自己的个人主页，介绍自己的情况，在网上张贴自己的求职信息，还可以在网上的人才信息库里储存个人的有关资料让用人单位来选择你。中国教师人才网、中国人才网、中国人才服务、中国人才热线、中华英才网、信息产业部IT人才网等，都可以登录、浏览，说不定有适合你的工作在等着你。不过，应当注意的是网络的虚拟性，要懂得识别真伪，以免上当受骗。

5. 大众媒体广告

虽然网络招聘非常"火爆"，但是成功率似乎不高。据调查，在社会上根据报纸杂志刊登的招聘广告求职的成功率是最高的。由于大众媒体广告发行量大，覆盖面广，潜在的应聘者几乎全部包括在读者群内。目前，很多用人单位还是会选择平面媒体刊登招聘广告。近年来，随着国家和社会各界对就业工作的重视，各地陆续出版了许多就业类报纸，如《人才市场报》《劳动信息报》等，它们都刊登了大量的可靠的用人信息，是毕业生求职的可靠途径。

6. 社会实践活动

社会实践是学生在外出实习或假期中的一项重要活动。首先，通过实习、兼职等形式，毕业生会获得某种职业最直接的工作经历，这样的工作是否适合自己也就非常清楚了。其次，在社会实践过程中，通过自己的努力工作获得用人单位欣赏，与用人单位签订协议并直接工作的事例不在少数。在见习、实习、社会实践等活动中，只有充分利用社会、学校、个人等方面的力量，才能收集到适合自己需要的、真实的、可靠的信息，才能创造更多的

第三讲　求职的途径

就业机会。毕业生本人一定要有信息意识。再次，要提醒大家注意的是，无论是亲戚、朋友、同学介绍的，还是在网上查询的，甚至一些部门组织的人才招聘会等都要有所辨别，加强自我保护，防止上当受骗。有的学生被以前的同学欺骗而从事传销；有的机构为了牟利，缺乏合法程序，到处拉一些单位充实市场，收取入场费；还有的个体工商户打着招收公关人员等名誉而从事非法工作，都要有所警惕。

求职的途径有很多种，上面叙述的仅仅是常见的几种。求职者要结合自己的情况，选取适合的就业途径，并要多管齐下，综合应用。

注意事项

求职路上的陷阱

陷阱一：非法中介，骗你没商量。有些不法者打着职业介绍所的牌子，介绍工作是虚，骗取钱财是实。部分就业者在交了介绍费后，工作人员给他开个介绍信，让他带上证件去找单位，不是所介绍的单位不存在，就是条件太苛刻、工资太低，让人无法接受。

陷阱二：试工试用，没完没了。不法者为了给打工者少付工资，便一直在试用期内用人。工人招来后，无论签不签劳动合同，则称按国家规定试用期为2~3个月。实际干到最后，要么在用工过程中找个茬儿将你辞退，要么到期"请"你走人，让你投诉无门。

陷阱三：交证交钱抵押，进退两难。有些用工单位常要打工者交出身份证、毕业证等证件，或以交培训保证金为由让就业者交一定数额的押金。结果用人单位在炒人时便以种种理由拒退抵押钱物，而就业者对单位不满意要求辞退时，单位又以不退抵押物要挟，使打工者进退两难。

陷阱四：想方设法骗取报名费。有些"皮包"公司专以骗取报名费为目的，他们招工时把公司吹得天花乱坠，让你交纳一定的报名费之后才能带你去上班，可到公司时又说要收取种种费用叫你无法接受，只得白丢报名费。

陷阱五：高薪招聘，挡不住的诱惑。一些用人单位开出诱人的高薪让你就范，可在高薪的背后等待你的常常是超负荷的工作量，或以金钱和暴力迫使你从事一些违法违规的工作。

第三单元　求职与面试

相关知识

一、求职程序

按正确的程序做事是把事情做对的保障。在现实生活中,我们经常发现好产品不一定卖得好,才华出众的人得不到重用,许多高学历的优秀人才在求职中败北。按照常理,中职毕业生求职经常会吃闭门羹。但事实却往往相反。因为在国内,许多中小型企业缺乏的就是有一技之长的中专学历层次的人才。然而,一些中专毕业生却在求职中被拒绝,一个重要的原因就是他们没有按照正确的求职程序进行求职。

许多中职生的求职程序往往是这样的:

每年的3~5月份,大批的招工单位陆续进校进行人员招聘。同学们一开始先是很盲目地等待招工单位。来了之后,往往不能结合自己的实际情况,又开始盲目地选择单位。在选择的过程当中,没有把专业是否对口、用人单位是否适合自己、自己有无能力胜任考虑进去。在准备不充分的情况下直接参加面试。可想而知,面试的结果会是怎样?无论是薪酬供给还是劳动力供给,企业和求职者,一个是供,一个是求,是纯粹的商品供求关系。坚持这种观点,有助于理智地看待工作机会,既不被招聘信息迷惑,也不会自视过高。

那么,怎么做比较适合呢?

第一步:制订求职计划。先要清楚自己的长处和短处。这包括要清楚自己的天赋、兴趣、个性特点和自己所擅长的技能等,它们决定了最适合自己发展的职业。只有了解自己,才能知道自己的意愿,才能制订合理的职业计划。职业计划为以后的求职提供了明确的方向,从而免去几分茫然和择业时的摇摆不定。

第二步:研究行业,挖掘职位。确定了职业方向,再着手研究希望进入的行业和企业。要认真研究这些企业的产品和服务是什么?它们怎样运作?竞争对手是谁?对于它们,可以通过间接了解和实地调查来进行。你可以向老师、有经验的人,甚至企业内部的人了解企业的情况。

第三步:准备个人简历。简历是为了获得面试机会。简历在你接触企业时帮你向企业展示自我。你的简历除了说明个人的资料,还向企业传达你具备足够的知识和技能,能为企业创造利润。要针对应聘不同职位准备重点不同的简历。必须针对应聘岗位进行设计，如无必要，无须展示"多才"。若专业不完全对口，则重点表达你的能力。

第四步：参加面试。自我介绍和自我评价时，按照你希望的形象来介绍自己。用你追求理想工作的热情来主导你的看法。你希望自己将来成为什么人，就把自己当作什么人来介绍！你的健康、诚实、积极、耐劳的精神将会感染面试官，令他们正面地评价你。

第五步：决定接受工作，总结经验教训。如果面试成功，就愉快地接受工作，奔赴工作岗位。假若求职失败，就需要马上改变策略，你可以问面试官你目前欠缺的是什么，还需要补充哪些新的东西。不管你是否同意这些观点，马上将这些建议记录下来，几天之后再拿出来看，你会发现一些有用的东西。求职失败同样可以使完善自己，为下一次的成功奠定基础。

二、求职信息的获取

求职信息是毕业生求职择业的基础和必备条件，谁能及时获取信息，谁就获得了求职的主动权。因此，毕业生应当及时、全面地掌握有关就业方面种种信息，并认真地对这些信息进行分析、筛选整理、适时运用。

1.收集信息的原则

要收集到适合自己的高质量的就业信息，必须把握以下4个原则。

（1）准确性、真实性。这是信息的生命。近年来，社会上出现了各种各样以赢利为目的的中介机构，用一些过时的或虚假的信息吸引学生，毕业生为此徒劳奔波。对此，应加以注意。

（2）实用性、针对性。毕业生首先要对自己有一个充分的认识，根据自己的专长、特长、能力、性格等方面的因素，然后结合自己的职业定位或职业倾向，收集信息，避免范围过大。

（3）系统性、连续性。将各种相关的信息积累起来，然后加工、整理、分类，形成一种能客观地、系统地反映当前就业市场、就业政策、就业动向的就业信息，为自己的择业提供可靠的依据。

（4）计划性、条理性。首先要明确收集信息的目的，其次要明确自己所需就业信息的

第三单元　求职与面试

范围，做到有的放矢。

2. 如何筛选和运用信息

大量的信息是就业的前提，但这并不就是就业的充分条件。由于信息的来源和获取的方式不尽相同，内容杂乱，且难免矛盾，有时真伪难辨，毕业生要结合自己的实际情况，将收集到的信息加以筛选处理，去粗取精，去伪存真，才能获得具有准确性、全面性和有效性的信息。

（1）掌握重点。结合自身实际，进行排序。青年人找工作，不要总想着离家近的地方。外地的单位完全可以作为重点的求职选择。

（2）善于对比。要善于把握信息的方方面面，仔细分析各个信息的真实性、可靠性、实用性。

（3）不耻多问。充分了解信息的准确性、真实性、可靠性，尤其是单位性质要确定，不清楚要多方打听。可以上网查询，询问就业指导办公室，还可以通过114询问当地工商管理部门等。

（4）避免盲从。不要一听说哪里要招聘就赶去，更不能轻易相信陌生人能够为你介绍工作的话。首先要对信息的可靠性加以考证，避免上当受骗。不轻信陌生人，要告知家人或同学你的去向。

（5）信息共享。如果你掌握了对自己无用的信息，千万不要抓住不放。处于信息社会中，你的信息可能对别人有用，你在给他传递信息的同时，不仅少了一个竞争对手，而且你也可能从他那里获得信息。这是礼尚往来的简单道理。

（6）及时反馈。人才学上有一个公式，就是"成功=能力+机遇"。毕业生择业成功与否，就业质量如何，个人的素质和能力是决定性的因素，但在人生前程选择的重要关头，机遇的发现、挖掘也是十分重要的。常言道机不可失，失不再来。机遇是有时效性的，不及时把握住，就会稍纵即逝。所以，在机遇面前，不要患得患失，这山望着那山高，优柔寡断，犹豫不决。切勿因为观望时间太久而错失良机，最终可能把本属于自己的机会让给别人。

三、择业技巧

求职择业是一门学问，也是一门艺术，有许多技术和技巧，它是择业成功的主要因素之一。目前，中职院校有一些学生对自主择业没有信心，对自己到人才市场去求职有一种畏惧心理；也有一些学生勉强去了却无从下手。究其原因，除缺乏必要的心理准备外，更重要的是缺乏求职择业技巧，不善于与人沟通，不能恰如其分地表现自己的内心意向、素质和才能，不懂得如何推销自己。所以面临择业的毕业生，要想找到一份理想的工作，学习一些求职择业方法，掌握一定的求职择业技巧是很有必要的。

1. 做好择业准备

（1）填写好毕业生基本情况登记表。毕业生登记表是学校审核毕业生资格、掌握毕业生基本情况、向用人单位推荐毕业生的重要依据，也是学校与用人单位及各省市的毕业生就业计划调配部门开展毕业生供需信息交流的重要资料。这是毕业生就业工作的最基本的准备工作。因此，毕业生要认真、准确据实填写表中各项内容。

（2）填写好毕业生推荐表。毕业生就业推荐表是全面反映毕业生基本情况的重要材料，是毕业生档案材料的浓缩，是学校向用人单位推荐毕业生，毕业生参加"双向选择"活动的重要的证明材料，也是用人单位考查毕业生的重要依据。因此，毕业生务必认真填写。

2. 如何"推销"自己

（1）了解对方。知己知彼，方能百战不殆。这个道理不仅适用于军事、政治、外交等方面，对于择业的毕业生来说也是完全适用的。找工作时，既要了解你要选择的单位的历史、现状和发展前景，了解其用人的意图，又要了解是否有利于自己才能的施展，还要了解对方对即将招收的毕业生有哪些条件和要求，自己是否能胜任这份工作。否则，盲目参加应聘就等于无的放矢。了解对方，尤其是要了解不同性质企事业单位的特点，以及自己到这些企事业单位求职时应考虑的问题，是十分必要的。

（2）掌握技巧。从某种意义上来说，择业的过程就是"推销"自己的过程。那么，怎么才能更好地"推销"自己呢？首先，要了解市场行情。同学们要了解社会的人才需求形势，了解有关毕业生就业的方针政策，并且要掌握与自己择业目标有关的社会需求信息。其次，要善于寻找"推销"自己的渠道。推销产品要有畅通的渠道，"推销"自己也是如此。有针对性地寄发自荐信或登门拜访、毛遂自荐；通过学校、老师或亲友向用人单位介绍、推荐；参加人才招聘会、供需见面会等，与用人单位洽谈、签约；通过笔试、面试等方式接受用人单位考核等。第三，在"推销"自己的过程中要善于把握自己。

（3）做出选择。根据自身的特点选择职业。确定自身特点，主要包括4个方面：毕业

第三单元　求职与面试

学校、所学专业、学历层次、学习成绩。首先要根据本校的培养目标选择职业，毕业生在择业时，应该考虑自己所在学校的培养目标、服务范围以及学校的知名度因素，做出切合实际的选择；其次要根据自己所学专业的具体情况择业，切不可盲目攀比；再次是要根据自身的学历层次选择职业，否则会碰壁，难以顺利适应和胜任。最后要根据自己的学业成绩、综合表现选择职业。中职生在择业时，必须面对这一现实，根据自己的实际情况，做出恰当的选择。

3. 择业的一般技巧

写自荐信。写自荐信是目前毕业生择业的一种比较常用的，也是非常重要的手段。一般来说，自荐信应包括以下几个方面的内容：个人的基本情况和用人信息来源；胜任某项工作的条件；介绍自己的潜能；附上有关材料或文件；表达面谈的愿望；最后还要写清楚自己的详细通信地址、邮政编码和电话号码，留手机号后要随时开机以便人家联系自己。

寻求与用人单位见面的机会。在毕业生择业过程中，学校、老师以及校友的推荐起着重要作用。首先，学校的毕业生就业主管部门在目前的毕业生就业工作中起着主导作用，他们的推荐对用人单位来讲具有很大的权威性和可信度；其次，教师在教学、科研方面往往与对口的用人单位有着多方面的联系和合作，并且对自己学生的情况比较了解，他们的推荐意见，企业领导或部门负责人往往比较重视；校友与毕业生由于同出一校，甚至同出一系、同出一师，有着天然的亲近关系，许多校友也许就在自己想要选择的部门或行业工作，有些甚至还担任着领导职务，找他们了解信息往往会受到热情接待了解到许多真实的情况。

参加供需见面活动是与用人单位接触的重要途径。中职生参加供需见面会是择业的重要途径，求职过程中应注意：要预先确定择业目标，即确定择业决策的具体实施方案；要注意择业的头效性，因为供需见面活动的时间是有限的，必须抓住时机；要充分利用便捷性。一般来说，供需见面活动期间，地方人事部门或毕业生就业工作主管部门都是现场办公，毕业生只要和用人单位达成了就业协议，就可以当场办理审批等必须经办的各种手续。

取得对方的认同。取得用人单位的好感应注意以下几个问题：尽可能多地了解单位的情况，如果你对用人单位的历史、现状、规模、业务、产品、服务等情况了如指掌，说得出该单位的优点和特点，就会非常有力地得到用人单位的认可；在求职面谈时，单独前往，最忌讳求职者带他人前往，因为这会让招聘者感到别扭，而且会使对方对你产生自信不足、独立性不强的印象。恰当地介绍自己，应用客观的语言来叙述成绩，证明自己的能力，切

第三讲　求职的途径

记自我夸耀或吹嘘。

作为中职学校的毕业生，必须主动探寻求职的途径，了解通过哪些渠道可以获得就业的信息，可以利用多种渠道扩大视野，获取尽可能多的就业信息，增加尽可能多的就业机会，选择一个最适合自己的工作岗位。

附：毕业生招聘程序

为了便于应届毕业生参加用人单位的招聘工作，现将太原铁路机械学校毕业生就业招聘工作流程公示如下，以供大家参考。

第一步：招生就业指导科通过各专业部、宣传栏、校园网公布用人单位招聘信息（招聘单位、所需专业、岗位、人数、年龄、时间、地点、待遇等）；

第二步：毕业班班主任组织各班同学报名；

第三步：专业部负责审核、汇总报名名单，并传送给招生就业指导科；

第四步：招生就业指导科组织报名同学参加用人单位的面试、体检、考核等，如需培训，由用人单位、教务科、专业部、招生就业指导科共同组织实施；

第五步：用人单位确定录用名单，报主管校长批准后，确定正式录用名单；

第六步：被录用同学在离校前必须办理诸如缴清学费、签订安全协议、缴纳个人保险等手续，否则取消录用资格；

第七步：招生就业指导科组织已录用同学前往用人单位；

第八步：用人单位负责给学生做出实习鉴定，作为评定实习成绩的依据；

第九步：学生中途离开企业，必须到招生就业指导科、专业部报到，待招生就业指导科、专业部同意后，方可重新进入原班级学习，否则一律按自动退学处理；

第十步：招生就业指导科指定专人配合班主任负责了解学生的工作、生活等情况，做好月度和年度的跟踪服务。

你打算通过什么途径求职？

第四讲　面试技巧与礼仪

引例一

　　2017年5月，有一家北京的公司去某中职学校招聘销售人员，要求是市场营销专业的毕业生。也许是条件的限制，来询问的人比较少。这时候，小岳出现了。当他坐到招聘者面前的时候，招聘者还以为他坐错了地方。只见他听着歌，衣着入时，黄色的头发，还将手机挂在脖子上，一副很"洒脱"的样子。立刻，一种反感的情绪在招聘者心底涌起，这种样子的人根本不可能做销售员。出于礼貌，招聘者还是将他的简历接过来。

　　从打印得很整齐的应聘材料来看，这个小岳还真不简单，他是学校市场营销专业的优秀团干部，成绩优秀，几个荣誉证书证明了他的能力。问到他为什么想到北京选择市场营销行业，他说北京发展的机会比较多，市场营销大有可为，他比较喜欢。应该说小岳的专业和素质是公司所需要的，但小岳的穿着打扮，尤其是黄色的头发，不断消除着招聘者录用他的信心。销售人员责任重大，整天要和诸多客户交流，稍有不慎会给公司带来很多负面影响。所以，作为一个销售人员必须是品行端正且举止大方的人，但小岳的形象无疑反映了他的性格并不是公司需要的人，甚至让人怀疑他的耐心和细心。

　　招聘者收下了小岳的材料，让他回去等通知。招聘者找来几位同事商量。最后，将小岳的材料从准备录用人员的材料里抽了出来。

　　讨论：小岳为何被企业亮了"红牌"？

引例二

　　2016年，太原某公司在一所中专学校招聘经理秘书。这个职位待遇比较优厚。小刘正好是计算机及应用专业的毕业生，擅长写作，为人大方，且学习成绩一直名

第四讲　面试技巧与礼仪

列前茅，又对个人形象进行了精心修饰，对这次面试充满了信心。

面试在公司的办公室，由经理亲自担任考官。上午9点，小刘准时来到办公室，面带微笑，大方地与经理握手，并双手递上简历，随口说了句"您认真看看吧"本来面带笑容的经理，脸上突然"晴转多云"。考官简单地扫了简历几眼，就对小刘说："很遗憾，你不适合这个职位。"就这样，一句不经意间的话语，让小刘的面试泡了汤。讨论：小刘各方面都很优秀，为何面试落选？

模拟训练

招聘场景：

太原某机械厂在一所学校招聘电工和钳工各10名，男女不限，机电技术应用专业，持有电工或钳工等级证书者优先考虑。

要求：男士身高165 cm，女士身高155 cm，年龄在18~22岁，身体健康，品质端正，在校没有受到纪律处分。

待遇：试用期工资800元/月，包食宿，周日休息。试用期满后，工资1 000元/月，公司负责户口和档案的管理，并为每人上缴"五险一金"。

由于该企业处于太原市高新经济开发区，待遇条件也较为可观，招聘简章上午贴到学校公告栏里，下午就有60多名学生前来报名。

分组安排：

按照班里学生人数，合理分组练习，选择角色（招聘方和面试者），模拟招聘面试现场，并指出各组在面试过程中出现的各种问题。

训练点评：

注意在面试过程中的细节问题，如仪容、仪表、礼仪、语言表达方式和思路等。

假设你事先了解了企业，了解了职位，通过模拟训练可以预先设想一下可能问哪些问题，即使不可能把招聘方的心理完全琢磨透，也可以缓解面试当中紧张的心理。

面试要点：

（1）端庄大方，留好印象。

第三单元　求职与面试

（2）诚实守信，做有心人。

（3）注意倾听，敢于表达。

（4）说明优点，扬长避短。

（5）不断射门，终能进球。

相关知识

一、面试程序

面试是求职者择业的关键环节，要做好全方位准备。常言道：不打无准备之仗。只有充分准备了，方能争取胜利。

1. 熟悉招聘企业状况

面试前要对企业的基本情况进行了解，并积累行业有关知识，例如：企业的历史、所处行业背景、主导产品、企业文化、经营理念等，业务往来的对象有哪些？现在该单位在做什么工作？有的学生还问面试官，"企业经营什么产品"。显然他对招聘企业没有了解。所以，通过对企业的了解，可以增强你的信心，同时很好地回答企业所提出的问题，表明你对该企业的关注程度和兴趣，渴望成为企业的一员。

2. 对职位的工作内容要了解

面试人员提出的问题都与招聘单位有关。有的学生常说，怎么我一面试就被刷下去了。后来发现有的学生面试就直接去了，虽对企业的整体情况了解一些，但对应聘的工作岗位一无所知。所以，在职位这个问题上，要引起充分的注意。

3. 良好的心理素质

面对严峻的就业形势、众多的竞争对手，要想应聘成功，没有充分的心理准备、良好的心理状态是不行的。调整情绪，树立自信，克服精神紧张、自卑怯场、信心不足的心理，保持一颗平常心。自信不一定成功，但不自信肯定失败。做好面试前的心理准备，排除心理干扰，要充满自信、冷静对待，否则在面试时无法发挥应有的水平，难免失败。

第四讲　面试技巧与礼仪

4. 提前准备材料

一些企业在面试的时候会有明确的要求。有些企业没有明确要求，你是不是直接去就行了？当然不行。一寸和二寸近期免冠照、求职简历、毕业证书、技能等级证书、在校所获荣誉证书、身份证、中性笔（钢笔）等相关材料、工具应放在一个文件包里，以备招聘企业审核，同时也显得你考虑比较细心、周全，以不变应万变。

二、面试技巧

面试环节中，招聘方会提出一系列的问题让求职者回答。整个面试环节的大部分时间都是在双方的交谈中度过，语言的表达技巧就显得尤为重要。

1. 具有语言表达能力

这是平常就应该加强的。学校对学生进行就业指导教育时，也提醒学生，注意自己表达能力的培养、训练，能用一分半到两分钟进行很好的个人自我介绍，企业要考察你的概括和表达能力。流利、自如、文雅的谈吐是面试成功的必备条件。

面试官为什么让你介绍一下你自己？主要是希望知道你能否胜任企业的工作。你应该告诉面试官自己不怕吃苦，责任心强，最强的技能在哪儿，个性中最积极的部分等。

2. 抓住重点，条理清晰

面对招聘方提问时，要敢于说话，大胆说出自己的长处和追求。注意控制好回答问题的时间，简明扼要，切忌啰嗦，用独特的语言魅力打动对方。可以从独特的视角分析问题，提出自己的解决问题方法，相信会引起招聘方关注。不要以点头、赞许等姿态作出回应，也不要只会说"是、好、行、对、不"等一字词。

3. 实话实说

面试中难免会遇到自己没有接触过的内容。遇到这类问题时，千万不要故作姿态，不懂装懂，也不能默不作声。要勇于承认自己的不足，尽量表现出真实的自我，说出这方面知识有所欠缺，这让面试官认为你态度诚恳，忠厚朴实。反之，面试官会对你的人品产生怀疑，给你的面试早早画上句号。

4. 调整自我心情，正确面对挫折

面试前，不妨试想一下如果面试失败，自己能否接受。放松心情，正确面对挫折，即

使失败了，还有别的机会。借此总结出经验教训，对以后的面试会有帮助。当然，也不能毫不在意，全不放在心上，而是要放下心理包袱，轻松迎接下一次挑战。

三、面试礼仪

当今现实生活中人们都非常注重礼仪问题。服饰打扮、举止言谈、气质风度、文明礼貌等都在影响着你的形象，决定着你的前程和命运。由于举止得体大方，面试获得了机会，你将在工作中不断提高自己。反之，如果在面试中不注重个人礼仪，可能由于举止言行的某一个失误，与机会擦肩而过。所以，懂得一些面试时的基本礼仪是非常重要的。

（1）服饰得体。面试是在很短的时间内对一个人整体素质的综合考察，在此过程中，用人单位不仅注意从应试者的谈吐、表情和举止，而且还会从面试者的穿着打扮考察你。

面试者应该以朴素大方、整洁庄重为主。男生应显得干练大方，女生应显得庄重高雅。正式得体的服饰体现一种良好的礼仪文化，不仅可以反映出面试者对面试的重视、对面试官的尊重，而且可以反映出面试者具有较好的文化修养，从而给面试官留下一个良好的"第一印象"。

（2）要有时间观念。在学校一定要养成良好的守时习惯，不要与人失约。不要给用人单位打电话，问你单位在什么地方？要从侧面进行了解。面试前，要估计好路程和乘坐的交通工具，提前 10~15 分钟到达，这样做，一是缓解内心紧张，二是检查准备好的面试材料，同时让面试官知道你是一个守时的人。

（3）到达面试地点后，不要擅自走进面试房间。如果没有通知你，即使前面一个人已经面试结束，也应在门外耐心等待。通知你面试时，应先轻轻敲门，得到许可后方可进入，进门时要面带微笑，大方地打招呼，双手主动递交材料，千万不要显得过于拘谨。

（4）注意倾听。让你站着，要保持军人的站姿。让你坐下，要注意正确的坐姿，不可左右摇摆，东张西望，窃窃私语。面试中要集中精力，注意倾听面试官讲话，不要让面试官重复提问。要用柔和的目光始终看着面试官，给人一种诚恳、认真的印象，不要一有疑问就随便开口说话，打断面试官的讲话。

（5）进门先鞠躬问好，结束后鞠躬，说"谢谢"再转身离开。

四、面试中的具体问题应答分析

问题一：请你自我介绍一下？

分析：想对你的情况进行了解。

思路：①面试的必考题目；②突出重点，说出优势；③结构清晰，层次分明；④说清你是一个什么的人（专长、精神、追求等）。

问题二：谈谈你的家庭情况？

分析：想了解你的背景，考察你对岗位的适合性。

思路：①简单地列出家庭人口；②城市还是农村，各有优势，农村的不要自卑，很多企业都喜欢农村学生吃苦耐劳的精神；③说明父母的职业及对自己的教育。

问题三：你有什么业余爱好？

分析：想了解你的性格、生活情况、兴趣爱好。

思路：①说一些学习情况、沟通能力、读哪些书籍等；②不要说自己没有爱好；③不要说庸俗的、让人感到厌恶的爱好；④爱好中反映你的为人处世、团队精神等。

问题四：你对我们企业了解吗？

分析：看你是否对该企业有兴趣。

思路：①让企业知道你是有备而来；②说出你对企业的了解程度，如从老师、互联网、电视、报纸等处了解信息。

问题五：为什么选择我们企业？

分析：了解你的求职动机和工作态度。

思路：①说出企业的用人制度，吸引人才之处；②从企业的文化和对岗位的热爱程度来谈；③公司的待遇和福利很适合自己。

在面试中，一般分为3个环节即自我介绍、招聘方提问和回答问题。只要了解了面试程序，掌握面试技巧，懂得了面试礼仪，就能在面试中充分发挥自身优势，距求职成功更近一步了。

第三单元　求职与面试

　　自我介绍除了简单地把自己的基本情况（姓名、年龄、爱好、专业、家庭情况和工作经验等）介绍以外，还应说出自己比别人有优势的地方，更适合招聘岗位所需。注意面试礼仪，掌握好时间和语速，适当可以加上几个简单的手势，利用有限的时间把自己最好的一面展现给招聘企业。

　　招聘方提问是3个环节中最重要的，是双方心理的暗战，主要考察面试者理解问题的能力。面试者除了注意倾听外，还要认真思考，既要在简短的时间内搞清楚招聘方提出问题的目的，还要在脑海中分析、搜索出问题的最佳答案。这就需要同学们在平时多加注意，努力学习，主动锻炼自己，为从容面试打下良好的基础。回答问题是面试过程中的最后二个环节，也是关键的一关。招聘方主要是想通过面试者的回答，从中看出一个人的分析问题、解决问题的能力以及口语表达能力，同时也体现出一个人的综合素质。面试方提出你自己的看法和观点，与招聘方进行良好的沟通。通过互相交流，可以更全面地了解对方。

　　总之，求职面试前同学们要从心理和材料上做好准备，无论成败与否，都要客观对待，认真总结，多参加面试多汲取经验。

（1）面试需要注意些什么？
（2）你了解哪些面试礼仪？

第四单元　就业与创业

第一讲　社会角色的转换

引例

　　马云是阿里巴巴集团主要创始人之一、阿里巴巴集团主席和首席执行官、阿里巴巴公司主席和非执行董事、软银集团董事、中国雅虎董事局主席、亚太经济合作组织（APEC）下工商咨询委员会（ABAC）会员。

　　马云在1988年在杭州师范学院英语专业毕业，此后任教于杭州电子工业大学（现杭州电子科技大学）。1995年，在出访美国时首次接触到因特网，回国后创办了网站"中国的黄页"。1997年，加入了中国外经贸部，负责开发其官方站点及中国产品网上交易市场。1999年，正式辞去公职，创办阿里巴巴网站，开拓电子商务应用，尤其是B2B业务。目前，阿里巴巴是全球最大的B2B网站之一。阿里巴巴网站的成功，使马云多次获邀到全球著名高等学府讲学，其中包括哈佛学院、麻省理工学院、宾夕法尼亚大学的沃顿商学院等。

　　马云是最早在中国开拓电子商务应用并坚守互联网领域的企业家，他和他的团队创造了中国互联网商务众多第一：开办中国第一个互联网商业网站——"中国黄页"，提出并实践面向中小企业的B2B电子商务模式，为互联网商务应用播下最初的火种；他在中国网站全面推行"诚信通"计划，开创全球首个企业间网上信用商务平台；他发起并策划了著名的"西湖论剑"大会，并使之成为中国互联网最大的盛会。

　　马云率领他的阿里巴巴运营团队汇聚了来自全球220个国家和地区的1 000多万注册网商，每天提供超过810万条商业信息，成为全球国际贸易领域最大、最活跃的网上市场和商人社区。

　　马云创立的阿里巴巴被国内外媒体、硅谷和国外风险投资家誉为与Yahoo、Amazon、eBay、AOL比肩的5大互联网商务流派代表之一。它的成立推动了中国

第四单元　就业与创业

商业信用的建立，在激烈的国际竞争中为中小企业创造了无限商，让天下没有难做的生意。

马云创办的个人拍卖网站淘宝网，成功走出了一条中国本土化的独特2005年第一季度开始成为亚洲最大的个人拍卖网站。2017年"双十一"阿里巴巴交易额达1 682亿元，3分钟交易额破100亿。

马云是中国大陆第一位登上美国权威财经杂志《福布斯》封面的企业家；2002年5月，成为日本最大财经杂志《日经》的封面人物；2000年10月，被"世界经济论坛"评为2001年全球100位"未来领袖"之一；美国亚洲商业协会评选他为2001年度"商业领袖"；2004年12月，荣获CCTV十大年度经济人物奖。

案例分析

马云可谓是当今互联网行业名副其实的领军人，他天生不是一个创业家，但是却一次次的给人以奇迹，创造出许多个第一，一次次的实现着角色转变，从学生到老师、到创业者、到老板。他的这种角色转变能力以及其他各方面的能力都是我们毕业生应该学习的！对于就业创业中角色的把握，他也有着非常独到的见解，如马云先生曾经说过：

- 我们与竞争对手最大的区别就是我们知道他们要做什么，而他们不知道我们想做什么。我们想做什么，没有必要让所有人知道。

- 如何让每一个人的才华真正地发挥出来？我们这就像拉车，如果有的人往这儿拉，有的人往那儿拉，互相之间自己给自己先乱掉了。当你有一个傻瓜时，很傻的，你会很痛苦；你有50个傻瓜是最幸福的，吃饭、睡觉、上厕所排着队去的；你有一个聪明人时很带劲，你有50个聪明人实际上是最痛苦的，谁都不服谁。我在公司里的作用就像水泥一样，把许多优秀的人才粘合起来，使他们力气往一个地方使。

- 30%的人永远不可能相信你。不要让你的同事为你干活，而让我们的同事为我们的目标干活，共同努力，团结在一个共同的目标下面，就要比团结在你一个

第一讲 社会角色的转换

企业家底下容易得多。所以首先要说服大家认同共同的理想，而不是让大家来为你干活。

那么，毕业生如何顺利地实现由学生向工作者的角色转换呢？

一、毕业生对社会角色转变应有的认识

角色转换，是指个体的人因社会任务和职业生涯的变迁，从一个角色进入另一个角色的过程，其根本的变化是社会权利和义务的变化。改变，一般认为是件痛苦的事。该规律演绎到中职生毕业后进入社会的时候，也同样痛苦。每年毕业来临的时候，特别是照毕业留念照片的那段时间，校园总是充满了离别、留恋和伤心的气息。校园这种现象是因为什么呢？其背后反映的到底是什么问题呢？

大家一般都认为这是由于毕业生对母校、同学、朋友的不舍，也就是所谓的"校园情结"。但是，这"校园情结"外衣里面包裹的是什么呢？主要就是毕业生社会角色的转换。而"改变，总会给人痛苦"，毕业生角色的转换正是如此。

那么应届毕业生社会角色的转换到底体现在哪些方面呢？

由被动的角色转换为主动的角色，由消费者的角色转换为创造者的角色。

（1）在中国，学生基本上都是一种被动的角色，知识是老师给予，校园环境是社会给予，"衣食住"是父母给予。而且走向社会后，就转换为主动的创造者角色，而这个创造不仅仅是为自己创造，也为社会创造。

（2）从一种依赖的环境中转换到自立的环境中，从一种游戏性质的团体生活中转换到互惠互利性质的团体生活中。

中国学生在中国的校园环境中成长，更多的是一种环境的依赖、物质给予和精神给予的依赖。学生在校园环境中成长，一起成长的人员相互间更多的是一种游戏性质的关系。而学生毕业走出校园后，更多的是要在社会环境中自立自强，在市场经济条件下建立自己互惠互利的社会网络。

（3）在社会文化上，即从人类精神层面讲，是从一个接受、储存社会文化和社会游戏规则的角色转换为运用、创新社会文化的角色。

第四单元　就业与创业

虽然现在社会提倡个人要终身学习，个人也必须终身不断地去学习。但是在跨出校园这个临界点上，学习的属性也许就有点儿不同了。在校园里，我们主要的任务是学习知识，为未来的创造做基础储备。而走出校园，虽然也要学习也要储存，但我们的主要任务是偏重于运用我们的知识，创新我们知识。

二、毕业生就业发展中的角色转换

毕业生由学生角色到职业角色的转换，在其一生经历中占有十分重要的位置。调查发现，毕业生的角色转移成功与否直接影响着事业的成功与失败，如不能及时进行角色转变，在工作中会遇到诸多困难，甚至会影响自己的成长与发展。帮助毕业生掌握角色转换的相关知识和技能，寻找有效途径和方法尽快帮助他们适应新的角色，是学校对毕业生进行就业指导的重要内容。

（一）当前毕业生角色转换存在的主要问题

毕业生角色转换不是一帆风顺的，当角色转换遇到困难时，就会发生角色不适的问题。当角色不适出现后，学生不能进入新的角色或不能退出原有角色时，就会陷入来自外部环境和自我内部的心理压力及情感矛盾。刚刚走上工作岗位的学生在角色转换中容易产生以下情绪和心理障碍。

1. 对原有群体的依恋心理

在校学生形成了以班级或宿舍为单位的一个相对稳定、互帮互助的群体，同学之间以这个群体为纽带，共同学习和生活，构成了学生的主要"社会关系"，在每一个将要毕业的学生身上都或多或少地表现出对这个群体的依赖和留恋。毕业以后，全新的社会环境、工作要求和原来形成的价值观念、生活方式、思维模式、行为规范都遇到了新的问题。由此容易产生对校园生活的怀念，对学生角色的依恋。毕业生应尽量减少这一时期的持续性，用一种释然的心态对待过去，把已往的成绩化作一种积淀，这是对未来展望的基础。

2. 对社会现实的失望感

现实生活中的许多社会现象，很容易引起毕业生的困惑，他们对于社会上普遍存在的一些不良现象，缺乏深层次的理解。一些毕业生往往把未来生活理想化，对角色的期望值

第一讲 社会角色的转换

过高。一旦接触现实,就容易产生一种失落感,出现情绪低落的现象,如不能及时从这种失望中摆脱出来,将会影响自己尽快进入新的角色。所以强调中职生一定要在学生阶段多做社会调查,尽可能多地熟悉社会、了解社会,缩短理想与现实的差距,更好地使自己投入到工作中,更快做出成绩。

3. 自我认识不足导致的自我失重

学校肩负着为国家现代化建设培养优秀人才的重任,也是企业干部队伍的一个重要来源地。现实社会对学生寄予了很高的期望,这在当代学生的自我意识中或多或少形成了"舍我其谁"的思维定式。特别是涉世之初的毕业生,在行动中容易以"我"为中心,追求自我实现、追求个人价值,对单位安排的工作挑三拣四,小的事情看不上眼、不愿做,总想一夜成名、一鸣惊人,对自己的角色定位过高,只愿搞理论、搞管理,轻视实践,放不下架子。而实际反映出来的问题常常是眼高手低,大事做不好,小事又不愿做,阻碍了自己很好地进入新的角色。而现实生活中,不可能对一个刚刚毕业的学生委以重任,总需要一个考察培养、锻炼实习的过程。这使有些毕业生觉得自己不被重视、领导不重用、同事不高看,产生失落感,影响了工作积极性。

4. 工作过程中的浮躁心理

有些毕业生在角色转换过程中,受到利益的驱使,迟迟不能或不愿进入角色,缺乏踏实的敬业精神。尤其在当前开放的人事制度下,一些学生表现出"这山望着那山高",为追求高薪,频频"跳槽",结果既耽误了自己,又损失了单位利益。

产生这些困惑和挫折的原因是多方面的,主要是由于毕业生角色转换过程中自身的知识储备与社会需求之间的不同程度错位引起的。对于学生来说,实现角色转换就是完成自我与社会的融合状态,它体现了毕业生既能客观地认识自己,又能客观地认识社会;既能意识到自己的潜能,又能了解自己的潜能所要发挥的余地;既能自主地为社会服务,又能满足自身的物质和精神需要。

(二)毕业生应如何有效实现角色转换

学生在角色转换过程中有些不适应是自然的,应对这一点有充分的认识,加强角色转换意识,积极缩短适应期,而不能因此而造成职业心理障碍,失去信心。角色转换的过程通常包括角色领悟、角色认知和角色实现3方面内容。学生角色向职业角色转换的实现虽

第四单元　就业与创业

然表现上只是名词的不同，近在直尺，但却是一个艰苦的过程，需要坚持不懈的努力。

1. 踏入社会，学会独立，做好角色定位

　　学生走向工作岗位以后，要迅速地完成角色的转变，认定自己在工作环境中的位置和所承担的工作角色及该角色的性质、职责范围和自己所承担的义务，这是顺利度过适应期的重要一步。社会与学校相比，生活环境、工作条件都有着很大的变化，难免使那些心存幻想、踌躇满志的毕业生产生心理反差和强烈的冲突。在这个过程中要着重锻炼自己的心理承受能力、独立生活能力以及应对挫折的能力，如果毕业生到新单位后还如同在学校一样意识不到新角色与学生有什么不同，迟迟进入不了角色，依然故我，我行我素，就会加大与新的社会角色的心理距离，造成对新环境与工作的严重不适应。

2. 安心本职工作，甘于吃苦，虚心学习，在实践中增长才干

　　安心本职工作是角色转换的基础。刚步入工作岗位的毕业生，应尽快从毕业生活的沉糜中解脱出来，尽快全身心投入到新的工作中。许多毕业生工作几个月还静不下心来，三心二意，不安心本职工作，这对角色转换的实现是十分不利的。甘于吃苦是角色转换的重要条件。只有甘于吃苦，才能很快适应工作，及时进入角色，顺利实现角色转换。

　　事实证明，一个人在学校学到的东西毕竟有限，大部分知识和能力仍需在工作实践中学习、积累和锻炼。一切有经验的领导、师傅、技术人员和同事都是很好的老师，他们在岗位上工作多年，具有丰富的专业知识和实践经验。学生只要放下架子，虚心学习，就能从他们身上学到许多观察问题、分析问题和解决问题的方法和能力，就能逐渐完善自我，尽快实现角色转换。要进入职业角色，还要开动脑筋，善于观察，勤于思考。只有善于观察才能发现问题，运用自己所学的知识努力解决问题，真正探索职业对象的内部结构，掌握第一手资料。

3. 增强人际交往能力，加强协作意识

　　走上工作岗位后，人际交往能力的发挥是适应环境的关键。人际关系是工作中人与人之间必然发生的联系或关系，人际关系如何对于工作至关重要。好的人际关系可以帮助你在事业上取得成功，更好地实现自己的人生价值；不好的人际关系则会使你萎靡不振、工作消极。

4. 增强角色意识，促进角色转换

　　社会好比是一个大舞台，每个人都有自己的角色位置。毕业生进入新单位后，应认清

第一讲　社会角色的转换

自己在工作环境中所承担的工作角色以及这个角色的性质、职责范围，弄清楚工作关系中上级赋予自己的职权和自己承担的义务。如果角色意识淡漠，一意孤行，我行我素，该请示的擅做主张，该自己处理的事情不敢做主或推给上司、同事，势必与新环境格格不入。

5. 勇挑重担，乐于奉献

勇挑重担，乐于奉献，是完成角色转换的重要体现。毕业生奔赴工作岗位后，应当从一开始就严格要求自己，树立高度的主人翁意识和积极的奉献精神，不计个人得失，努力承担岗位责任，主动适应工作环境，以促使更好、更快地完成角色转换。

总之，毕业生走向新的工作岗位，进入新的角色，应该树立奋斗目标，确立努力的方向。在行动中要乐于奉献，善于学习钻研，勇于进取。以自己的实际行动获取同事的信赖、领导的赞誉、社会的认可，顺利地完成从学生到职工的角色转换。

相关知识

一、社会角色

从社会学的角度讲，角色是群体或社会对具有某一特定身份的人的行为期待。一个人在社会中占有的是地位，而扮演的是角色。在每一次高度结构化的社会互动中，社会都为其提供了一个"剧本"，用于指导分配给不同社会成员的不用角色来扮演。角色的学习就是要领会某一特定身份被期待的或是必须做的行为。社会化就是把具有某种身份的"我"进行"规范"，以求达到社会的要求。

二、时机

时机是具有时间性的机会，有时是可遇不可求的，但是人在时机面前不是完全被动的。我们应当通过努力去创造机会，只会一味等待是不可取的。每个人都应该求实进取、积极奋斗，才会赢得更多的机会，才能把握住每个难得的机会。

第四单元　就业与创业

三、调整心态，走向社会

怎样适应社会、调适心态，如何迈好走向成功的第一步呢？

（一）进入职业角色，加速心理调适

毕业生走向工作岗位，面临的第一个问题就是角色转换问题。毕业生就业后，就面临着如何从"学生"这个角色转换到某个行业的"人才"的角色问题。学校与社会是两种不同的环境，学生和员工是不同的角色，对社会承担着不同的权利和义务。如果我们的同学对"角色"的转换认识不清，思想准备不足，就会导致一些毕业生在社会角色的突变过程中，要么是难以适应，怨天尤人，要么是郁郁寡欢，打不起精神，严重影响工作。

毕业生充分认识角色的急剧变化是人生道路的一个重大转折，走上工作岗位的毕业生，从学生群体迈向了社会工作群体，由依赖型消费者转变为自给型的生产者，必然导致工作方式和生活方式的自立化、自主化。为此，不仅要求毕业生从心理上要适应，而且要有良好的职业心理、劳动心理和道德心理。只有这样，才能从昔日校园的天真烂漫、无忧无虑的生活中走出来，以求实的生活态度、实惠的消费行为、合理的时间支配、高效的工作作风走进新的生活。也只有这样，才能从昔日校园生活的流连往忘返心态中摆脱出来，勇敢地投身新的生活，尽快地缩短角色转换和心理调适期。

（二）建立良好的人际关系，尽快适应社会

刚刚走上工作岗位的毕业生，由相对单纯宁静的校园突然踏入纷繁复杂的社会，难免会产生种种的惶惑和不适应之处。在这段时期内，尤其需要努力建立和谐的人际关系，注意争取树立良好和谐的人际关系，注意争取树立良好的第一印象，积极主动地去适应社会。离开学校，方知愿望只是愿望而已，精力和时间往往要被怎样处理生活中的人际关系所耗损。如果你一到工作岗位就把周围的人际关系搞糟了，你就首先为自己设下了成功的障碍。社会不是真空，人不能孤立存在。工作上，需要他人支持；生活上，需要他人帮助；行为上，需要他人理解。因此，我们必须用心观察，弄清社会人际关系的特点，研究和掌握社会上人际交往的一般规律、原则和技巧，这对于尽快适应社会，具有特殊的现实意义。建立良好的人际关系，应从以下几个方面入手。

1. 平等待人、互相团结

社会的人际交往的范围不仅局限于老师和同学之间，既有同事之间的交往，也有与领导之间的交往；既有与熟悉人的交往，也有与生疏人的交往；既有因工作的交往，也有因生活的交往等。平等待人、平等相处、互相团结，是建立良好的人际关系的前提。

2. 尊重他人、礼貌生活

人都是有自尊心的。要求别人尊重自己是每个人的权利，而尊重别人乃是每个人的义务。在与别人交往的过程中，只有礼貌在先，尊重他人，他人才有兴趣和热情同你交往下去。

3. 宽以待人、严于律己

在人际关系中，一般严于律己的人容易做到宽以待人。宽以待人可以使自己更多地看到别人的优点，具有"三人行，必有吾师"的谦逊态度，而不是"自己一朵花，别人豆腐渣"。

4. 学些与人相处的艺术

刚刚步入社会的学生，学些与人相处的艺术，对建立良好的人际关系是十分必要的。一是对上级服从而不盲从；二是为人规矩而不拘谨；三是上班早到下班迟退；四是人与人相处态度和谐，尽量面带微笑。

5. 要学会忍让与坚持原则的统一

在人际交往过程中，有友情，也会有摩擦。尤其是年轻人，在处理人际关系中，常由于脾气暴躁而与人发生摩擦，伤了同事之间的和气，致使大家都不愉快。因此，我们与人相处应该学会有所忍让，这样会减少或消除某些摩擦？

（三）确立目标，奋斗成才

毕业生走上工作岗位，开始了人生长途中一段新的征程。祖国辉煌的未来和人生事业的前景已经展现在你的面前。然而，通往成功之路并不平坦，只有确立远大目标，经过长期的艰苦奋斗，才能事业成功。

1. 目标要远大

目前一些学生，为人生设计"好房子，好工作，好爱人"三好标准，思想上被个人主

第四单元 就业与创业

义所束缚，志向被眼前利益所左右，心思被追逐实惠所耗费，稍有不称心如意就牢骚满腹，这样必然目光短浅、心胸狭窄、难成大志。走上工作岗位后，要想事业有成，就必须"志当存高远"。为此，要立足基层单位，着眼本职工作，切忌"这山望着那山高"。"世界上只有伟大的事业，没有伟大的职业。""三百六十行，行行出状员。一个人只有女心并热爱自己的本职工作，为之付出艰苦的努力，才能取得成就。

2. 要脚踏实地

宋代诗人杨万里写过一首著名的江河泛舟的诗："篙师只管信船流，不作前滩水石谋，却被惊涛施三转，倒将船尾作船头。"这里所说的要作前滩水石谋，就是指脚踏实地，仔细认真地做好每一步工作。

毕业生在工作中应注意以下几点。

一是循序渐进，坚持不懈。"合抱之木，生于毫末；九层之台，起于垒土；千里之行，始于足下。"做任何事，都不能操之过急。在工作中要发挥自己的主观能动性，但不可锋芒太露。

二是勤奋努力，坚定不移。韩愈说过，"业精于勤荒于嬉，行成于思毁于随"。勤奋主要表现在两个方面，首先是勤动脑，要及时捕捉外界各种新信息，通过思考运用到工作中去，以提高自己的工作能力；其次是勤动手，力戒"君子动口不动手"，凡事大小，都应主去做。要以顽强的毅力和坚韧不拔的意志，对待工作中的困难，"咬定青山不放松"，就能干出成绩来。

三是开拓进取，从身边小事做起。不积小流无以成江河。一屋不扫，何以扫天下。不屑于"小事"的人，是不可能干大事的。要成就大事必须从小事做起。

四是要认真细致，精益求精地对待每一项工作。在学生时代，做错一道题，可以重新做。但在工作上出了差错，就会给国家和企业财产造成不必要的损失，也会使领导和同事对你产生不信任。

五是要不断总结、不断提高。"人非圣贤，孰能无过"。对于刚刚走上工作岗位的毕业生，由于受人生阅历、工作方法、工作经验等方面的影响，在工作进程中难免出现一些差错，让人有不成熟的感觉。但只要通过不断总结与反思，肯定成绩，纠正差错是可以干好工作消除影响的。

总之，风华正茂的毕业生，正处于立志成才的黄金时期，只要我们能尽快地调整角色，

第一讲　社会角色的转换

正确地处理好人际关系，立大志、图伟业，勇于实践、大胆探索、竞争进取、艰苦创业，在改造客观世界的同时，努力改造自己的主观世界，就一定能实现自己的人生理想，不负历史使命，担负起跨世纪的重任。

在社会急剧变革的今天，多种思想文化的激荡，新旧价值观念的冲突、激烈的竞争、物质生活的悬殊，社会生活和经济生活不协调等，无不冲击青年学生的心灵，引起了部分学生认知失调、心理失衡和行为失范。这都影响了毕业生的学习、生活和工作，也不利于就业求职。因而毕业生必须加强心性修养，提高心理素质，要能正确评价自我，胸襟开阔、豁达大度、积极乐观；要正确对待挫折，克服期望值过高的心理，培养坚韧不拔的毅力；要克服自卑感，增强自信心，培养心理调适能力，调整心态，走向社会，以积极姿态应对社会角色的转换，以良好的心理素质去迎接挑战。

结合自己的实际情况，谈谈如何做好角色转变的准备？

第二讲　初涉职场的酸甜苦辣

引例一

小新上班的第一天

迎着金秋的朝阳，小新走在上班的路上。今天是第一天上班，小新心情格外好，连路上的行人他都觉得那么亲切。接近厂区，人越来越多，个个都匆匆忙忙，奔赴自己的岗位。小新直奔人事部，十几天前小新曾到人事部参加过面试。进了人事部的大门，门厅里已经聚集了很多人，有的和小新一样，是今天新来报到的，另一些则是各个车间派来接这些新职工的师傅。小新报到后，从一张贴在办公室的通知中得知自己被分配到设备车间，一位姓王的师傅领他去车间。路上，王师傅告诉小新，今后就在他们班组干活。小新又知道了王师傅就是班长。

小新今天心情好，有几个原因：总算走出了艰难的求职之路，想起来是那么迷茫、彷徨、失望，甚而几份凄楚。然而，几次的失败，却没有动摇小新的意志，从而被这个现代化的大企业录取了，实现了自己的求职目标。另外，看到眼前一排排整齐的厂房，规划有致的马路和两旁的树木、草地、运动场等，更使小新充满了对未来的憧憬。

在路上，王师傅询问小新在校所学的专业和学习情况，知道了他是学制冷和空调设备运用与维修专业的，并告诉小新所在班组就是养护和维修空调设备的，与小新所学专业对口。这使小新增强了信心，幸运之感油然而生。小新生在一个农村的教师家庭，他聪明、正直、好学，与同学相处也比较随和，是一个很容易_于集体的人，但是也存在着怯懦的一面。他虽然进了中专学校，但是并没有改变他好学上进的心态，学习成绩也较好。但是由于学校条件和社会环境的限制，或者说是教育本身的一些问题，小新在实作训练上很是欠缺，严格讲，从未全过程地实习过空调

第二讲 初涉职场的酸甜苦辣

设备的养护和维修。

到了车间，王师傅把小新领到了空调班组，给小新介绍了每位师傅。班组里有十四五位工人，大多比小新要大上一、二十岁，也有三、四个与小新年龄接近的年轻人。不管师傅还是同龄的青年人，都对小新释出了善意，表示出了友好和欢迎的态度，这使小新紧张的心情放松了，他觉得这个集体很温暖。王师傅又指定一李的师傅负责带小新。李师傅年纪40岁左右，戴着一副眼镜，是一位知识型工人，憨厚中流露出睿智。李师傅带着微笑接纳了他。小新感到很幸福、很满意。谈了几句话，李师傅告诉他，有些事情还要处理，让小新先在这里看一看，熟悉一下环境。

下午上班后，李师傅领着小新去中央空调室。路上李师傅问了小新几个关于空调设备的专业问题，小新有的答出了，有的答不出来，但多数是些模棱两可甚至是似是而非，小新的心情有些懊恼。进了空调室'，面对机组，小新感到一片茫然。除了对盘管风机有些印象，其他设备竟然连名称都叫不上来。小新确实产生了"书到用时方恨少"的遗李师傅看到小新一脸的茫然，也没说什么，把他介绍给空调室值班人员，让他在这儿多看一看学一学，然后就离开了这里。值班人员对小新没有表示出多大的热情。

李师傅走后，小新站在设备旁边，不知说什么也不知做什么，感到很尴尬，心中京过一丝难过。不过小新是一个很机灵的人，过了一会儿，主动地向值班人员说："师傅我能做些什么呢？"值班人员不冷不热地回答他："能做什么就做点什么，不然的话，先看一看也可以"。小新似乎听出了这位师傅的潜台词：你会什么？你能做什么？小新的心里像打翻了五味瓶，酸甜苦辣都有。但小新更多的是自责和悔恨，后各每在学校读书时的浮躁和懒惰，致使学过的知识竟是这样的不牢固，更悔恨在实习寸的不认真不刻苦，由于自己的无知而把一些实作机会浪费了。小新想了很多，除了责备自己之外，对师傅没有什么不满。他觉得时间过得很慢，其实时间并不长。小新又主动地跟师傅说那擦一遍设备吧。师傅答应了他的要求。其实设备维护得很好。即使这样，小新也认真地把室内设备设施擦了一遍。

通过清洁设备，小新从每台设备的铭牌上，认识了设备的名称，这也是一大收走。值班师傅看到小新认真努力的表现，对小新的态度有了变化。当小新结束工作

137

第四单元　就业与创业

后，主动给小新讲了值班人员的工作程序和注意事项，比如按规定巡查空调机组和末端设备，并将运行参数记录在空调系统运行表上。又嘱咐小新，未经主管工程师批准不得擅自更改运行参数等。这些事情虽然简单，却是新师徒关系的开始，而且也是小新今后工作和事业的开始。师傅看了看墙上的时钟，告诉小新快要下班这时，接班的师傅在下班前10分钟就到了机房，与交班师傅办理了交接手续，小新在一旁看着，交接班手续也有这么多内容，真是处处都需要学习啊，应该学的东西太多了。

新就这样结束了上班的第一天。

案例分析

　　小新第一天上班的酸甜苦辣，只是一个初涉职场的青年人，尤其是刚刚走出校门的年学生心理感受的微妙体验。对小新来说，工作的考验、生活的磨炼，还有更长的路。然而，我们不得不注意到，对一个追求向上的小新来说，他对外界的反应，对自己的感知是很敏感的，这种心理素质既可作为促进小新在钻研业务、追求新知的动力；同时也可能转化为负面的效应，那就是遇到挫折、困难，会丧失信心或者动摇意志。因此，必须给予正确的引导。至于，对专业知识感到迷茫和空虚，既不为奇也不可怕，只要在工作中努力学习，虚心向师傅请教，将会很快渡过这一难关。

引例二

小兰的一事无成

　　小兰走出办公楼的楼门，一种失落感油然而生。来公司上班已经快半年了，当初有多少同学、同伴羡慕自己。在办公室做文员工作，在领导周围，与电脑为伴，工作环境清洁舒适……可是，此时此刻却落得一无是处、两手空空，离开了办公楼。

　　小兰走在长长的大街上，逝去的往事好像发生在昨天。事实上也确是没有多少时日，上班还不到半年呢。刚上班时，自己充满理想和朝气，在众人，羡慕的眼光

第二讲　初涉职场的酸甜苦辣

里，在同事的鼓励声中，自己曾暗下决心一定要严格要求自己，一定要好好干。可是，时过不久，问题就接踵而来。

上班后，小兰被安排在办公室工作。主任详细地分配了几项工作，并嘱咐了注意事项。另外，让她负责机关员工上班的签到工作。按常理，小兰应提前10分钟上班并准备好签到簿。可是，在一个月的时间里，小兰竟有五、六次迟到，别的员工无法签到。记得第二次迟到后，主任曾找小兰谈过话，并严肃地给予了批评。小兰正常了一个星期，过后又依然故我。最后，主任不得不把这项工作交给别的同志。

几次工作失误，也使领导和同事们渐渐对她失去了信心。一次是主任让她做一个处理客户来信来访的工作流程框图，事先主任就把流程的主要事项作了交待，并提醒她要与几个主要业务部门取得联系，征求意见，3天之内打好初稿，向主任汇报，主任认可后再请示主管领导核准下发。可是，3天过去了，主任也不见小兰来汇报工作。第5天，主任找来小兰，问流程框图完成没有，小兰只把当初主任交代工作时画出的草图拿来，其他的事情竟然毫无进展。主任是哭笑不得，只好把这项工作交给别人去做。

小兰心存志远，但是眼前的工作却懒得做。电脑操作是她分内的工作，除了打字外还要完成其他工作。对于一些临时性的工作小兰总是以各种借口不接受任务，也不认真学习新知识新技术。有一次，主任让她去给总经理办公室打扫一下卫生，并顺便将卷柜里的资料、书籍整理好。小兰竟然脱口道："我不是清洁工。"这次主任很生气，但是从表情上、语言上都没有明显的表示。

压垮小兰的最后一根稻草，可能是最近一次在领导的讲话稿上。在与外商有一次重要的谈判之前，主任让小兰加班把老总的讲话稿打印出来。第二天上班，主任亲自到小兰的办公室取讲话稿，小兰竟然还没有完成打印。等到把讲话稿拿到手里，主任草草地浏览了一遍，一些数据出了错误。主任强压怒火，让她10点去自己办公室。主任赶快调来另外两个人，紧急处理，以使谈判工作不受影响。

10点钟，小兰来到了主任办公室，主任用最简捷而有力的语言，告诉小兰："你被解聘了，我与财务部门打了招呼，你结算了工资，就离开这里。"

139

第四单元 就业与创业

案例分析

小兰工作不到半年就被辞退,究其原因,主要有以下5点。

(1)迁就自己,懒惰,不爱学习。

(2)工作不认真,没有责任心。

(3)眼高手低,大事做不来,小事不愿做。

(4)说话没分寸,不愿意做额外的工作。

(5)社会化程度太低。

对初涉职场的青年人来说,要严格要求自己,不能把慵懒散漫的习性带到工作中去,更不能迁就和放纵自己,由此而影响工作,否则那就是大错特错了。再者,要从大处着眼,比如处理同事关系,对待个人得失,都要看大处,看长远,而不要斤斤计较一时得失。对待工作,一定要从小事做起,一点一滴做起,切不可眼高手低,"小事不愿干,大事干不了",能干大事,也须从小事做起,从基础做起。这就是所谓的小事决定大事。

注意事项

(1)刚从学校毕业的青年员工,一定要热情、谦虚、朴实、积极。第一印象至关重要。

(2)要有与人协调、沟通的能力。能正确地、适时地表达个人的愿望;也能准确及时了解别人的要求。要做到真诚、自信、善待他人。

(3)认清自己是谁,自己要面对什么人。

(4)要虚心学习,主动工作,克服慵懒习气,展现主动热情的个性。从细微处入手,从点滴事情做起。比如:打热水、清扫工作环境等。

(5)"小事不愿干,大事干不了",是刚参加工作的新人最容易犯的毛病。如果不注意纠正,很可能会使你变为志大才疏式的人物。要注意"大处着眼,小处着手",一丝不苟地做好每一件"小事"。小事中见大精神,可为以后做"大事"积累资源。对你做的每一件小事,其实领导都看在眼里,只要你踏实肯干,一旦有机会,领导会放心让你做大事。

（6）独立做好分内工作。正式参加工作以后，很多事情要靠自己独立完成，很多困难要靠自己想办法解决，没有人可依赖，没有责任可以推卸。因此，新人要调整好心态，摆脱依赖心理，尽快熟悉自己的工作，并勇于负起责任来，独当一面，赢得领导的信任。

（7）穿着整洁、得体。不要忽视办公室着装。如果你看上去干净利落、衣着整洁，自己也会感觉良好、自信十足。注意，在穿着上不要百无禁忌，过于招摇。

所以，刚从学校毕业走上工作岗位的学生，对职业环境、相关的职业知识和技能，往往呈现懵懂状态、不知所措，这是可以理解的。但是，要尽快把学过的知识与现场实际结合起来，在最短的时间里，适应工作的需要。这正如站在起跑线上的运动员，发令枪响后，反应快、起步快，是领先的重要条件。

相关知识

员工守则

第一条 本公司员工均应遵守下列规定。

（1）准时上下班，对所担负的工作争取时效，不拖延、不积压。

（2）服从上级指挥，如有不同意见，应婉转相告或以书面陈述，一经上级主管决定，应立即遵照执行。

尽忠职守，保守业务上的秘密。

爱护本公司财物，不浪费，不损公利己。

遵守公司一切规章及工作守则。

保持公司信誉，不作任何有损公司信誉的行为。

注意本身品德修养，戒除不良嗜好。

不私自经营与公司业务有关的商业或兼任公司以外的职业。

待人接物要态度谦和，以争取同仁及顾客的合作。

严谨操守，不得收受与公司业务有关人士或单位的馈赠、贿赂或向其挪借款项。

第二条 本公司员工因过失或故意使公司遭受损害时，应负赔偿责任。

第三条 本公司工作时间，每周为××小时，星期天及纪念日均休假。业务部门如

第四单元 就业与创业

因采用轮班制，无法于星期天休息者，可每7天给予一天的休息，视为例假。

第四条 管理部门的每日上、下班时间，可依季节的变化事先制定，公告实行。业务部门每日工作时间，应视业务需要，制定为一班制，或多班轮值制。如采用昼夜轮班制，所有班次，必须一星期调整一次。

第五条 上下班应亲自签到或打卡，不得委托他人代签或代打，如有代签或代打情况发生，双方均以旷工论处。

第六条 员工应严格按要求出勤。

第七条 本公司每日工作时间定为××小时，如因工作需要，可依照政府有关规定延长工作时间至×小时，所延长时数为加班。

除以上规定外，因天灾事变、季节关系，依照政策有关规定，可延长工作时间，但每日总工作时间不得超过××小时，其延长之总时间，每月不得超过××小时。其加班费依照公司有关规定办理。

第八条 员工请假，应照下列规定办理。

（1）病假——因病须治疗或休养者可请病假，每年累计不得超过××天。

（2）事假——因私事需要处理，可请事假，每年累计不得超过××天。

（3）婚假——本人结婚，可请婚假×天。

（4）丧假——祖父母、父母或配偶丧亡者，可请丧假×天，外祖父母或配偶的承重祖父母、父母或子女丧亡者，可请丧假×天。

（5）产假女性从业人员分娩，可请产假×星期（假期中的星期例假均并入计算）怀孕3~7个月流产者，给假×星期；7个月以上流产者，给假×星期；未满3个月流产者，给假×星期。

（6）公假——因参加政府举办的资格考试（不以就业为前提者）、征兵及参加选举者，可请公假，假期依实际需要情况决定。

（7）工伤假因工受伤可请工伤假，假期依实际需要情况决定。

第九条 请假逾期，除病假依照前条第一款规定办理外，其余均以旷工论处。但因患重病非短期内所能治愈，经医师证明属实者，可视其病况与在公司资历及服务成绩，报请总经理特准延长其病假，最多×个月。事假逾期系因特别或意外事故经提出有力证据者，可请总经理特准延长其事假，最多××天，逾期再按前规定办理。

第二讲　初涉职场的酸甜苦辣

第十条　请假期内的薪水，依下列规定支给。

请假未逾规定天数或经延长病事假者，其请假期间内薪水照发。

请公假者薪水照发。

工伤假工资依照劳动保险条例由保险机关支付，并由公司补足其原有收入的差额。

第十一条　职员请假，均应填具请假单。病假在7日以上者，应附上医师的证明。工伤假应附劳保医院或特约医院的证明。凡未经请假或请假不准而未到者，以旷工论处。

第十二条　旷工一天扣发当日薪水，不足一天按照一天计算。

第十三条　本公司人员服务满一年者，可依下列规定，给予特别休假工作满一年以上未满三年者，每年×日。

工作满三年以上未满五年者，每年××日。

工作满五年以上未满十年者，每××日。

工作满十年以上者，每满一年加给×日，但休假总数不得超过××日。

第十四条特别休假，应在不妨碍正常工作的情况下，由各部门根据实际情况进行安排。确因工作需要，至年终仍无法休假者，可按未休天数，计发奖金。

初入职场，会面临各种困惑，尤其对于应届生来说过渡时间越短，与企业融合越快，个人发展就越快。过渡时间的缩短，要靠新人们自己的努力，别人只能帮你，而不能替代你。从以上引例，我们不难看出，作为一名初入职场的学生一定要认清自己，把自己锁定在确切的位置，及时调整个人心态，以便更快速、更聪明的向目标迈进。

你会怎么安排上班的第一天？

第三讲　做好创业的准备

引例

　　20世纪90年代中期，手机来到我们身边的时候还是稀罕物，当时名字也不叫手机，而是叫大哥大。李俊峰，1996年××中职学校毕业后步入社会，工作后的最大的愿望就是能够拥有一部自己的手机。直到2001年的时候，他才真正拥有了第一部属于自己的手机。但那个时候，手机已经开始像洪水一样泛滥成灾。李俊峰很不甘心。他总想使自己的手机有点儿特色，与众不同。他没有钱赶潮流经常更换手机，他想的办法就是换汤不换药。当时有一种小贴纸，本来是让人家贴在墙上或书包上做装饰之用的，他用来贴在手机上，效果还不错，真能够产生"区别一般人"的效果。后来他将这种贴纸改进，在上面打印上自己喜欢的图案，再压上一层塑料膜。因为不是手机装饰专用贴纸，这些工作做完后还要甩刻刀比着手机的大小和形状对贴纸进行"雕刻"和修改，然后才能贴到手机上。经过这样"改装"的手机，在众多手机中显得是那么的卓尔不群，李俊峰的虚荣心得到了极大的满足。

　　不过，这也给他惹来了麻烦，就是同事们不断地要求他帮忙给自己"改装"手机。李俊峰不能不答应，这使他几乎丧失了所有的休息时间，每天下班后就趴在那里给同事们做手机贴纸，进行手机美容。到后来，一些朋友的朋友为了排在别人前面得到他的手机贴纸，甚至愿意出钱购买他的贴纸，这使李俊峰心眼一动：原来这玩意儿还可以赚钱！随着愿意出钱买他的手机贴纸的人越来越多，到2002年初，李俊峰干脆辞了职，拿出6年打工的全部积蓄，一共1万8千块钱，在北京西单的一家商场租了一个小柜台，正式开始做起了手机贴纸和手机美容的生意。

　　到现在，几年过去了。李俊峰依靠一片小小的手机贴纸，成立了自己的公司，叫做大秦手机化妆公司。他不但自己做，还发展加盟代理，目前旗下已拥有加盟代理商数十家。一片小小的手机贴纸，几年来已为李俊峰带来了超过百万元的利润，以后还会给他带来多少收益，谁也不知道。不但是手机贴纸，现在李俊峰还将业务开拓到手机、手机水晶刻印、手机镶钻等30多种手机美容业务，生意一片红火。

第三讲 做好创业的准备

案例分析

　　一个小小的手机贴纸，做成了一番大事业，这在一般人的眼里是看不到也做不到的。但是，李俊峰做到了。李俊峰在短时间内创业成功，关键在于他找到了一个藏金丰富的宝藏，并且能把它挖掘出来。

　　如今社会，对人才的要求越来越高，就业压力也越来越大。我们中专生没有太多的资本，那我们怎样才能在社会上生存，怎样才能拥有自己的一片广阔天空呢？创业，创业是实现我们个人理想目标的最好途径。社会上流行一句话：就业难，创业更难。诚然，创业往往不会一帆风顺，也不是谁都可以成功的，但是，我们相信"世上无难事，只怕有心人"。从李俊峰成功的例子中我们可以发现，个人资本并不重要，只要我们走进社会，大胆去尝试，勇敢去面对，我们中专生也能有自己的一片天。

　　那么，什么是创业呢？简单说来，创业就是开创事业的活动。狭义地讲，创业就是一个发现和捕获机会并由此创造出价值的过程。每个人都想要成就一番事业，让自己及家人，拥有更优质的生活。可是天下没有白吃的午餐，创业的历程很少会是一帆风顺的。它强调各种要素和各个环节的有效集成，一名成功的创业者，需要有多个有利的因素，诸如能力、机遇、胆识等，也就是要求，创业者必须具备一定的条件，在创业前要有必要的准备，盲目地创业就可能导致能力空无一用，机遇反成了陷阱，而胆识也不过是匹夫之勇罢了。

一、创业需要那些条件

1. 创业精神

　　创业成功者的环境、条件和机遇等可能不尽相同，但他们都有一个共同的特点，即强烈的创业意识和敢于冒尖、敢为人先的创业精神。这是时代精神的集中体现，是时代对人们提出的要求。一个故步自封、畏首畏尾、没有创新精神的人，是不会成就一番事业的。

　　创业精神的形成来自情感和意志习惯的积累，来自时间的总结。因此，要形成创业精

第四单元　就业与创业

神就要养成良好的精神意志，要进行积极的创业实践。养成良好的精神意志，形成可贵的创业精神，对于同学们来说，就是要坚持自信、自强、自主、自立的精神品质。

（1）自信就是对自己充满信心，相信自己有能力、有条件去开创自己未来的事业。自信赋予我们主动积极的人生态度和进取精神，不依赖父母，不过分指望朋友，不等待国家和社会的安排等。自信贯穿创业活动的始终。

（2）自强就是自信的基础上，通过创业的实践，不断增长自己各方面的能力，进一步磨炼自己的意志，建立起自己的形象，敢作敢为、敢作敢当，不贪图眼前的利益，永远进取，使自己成为强者。

（3）自主就是具有独立的人格，具有独立思维的能力，不受传统和世俗偏见的束缚，能自己选择自己的道路，善于设计和规划自己的未来，并采取相应的行动。自主还要求有远见、有敢为人先的胆略和实事求是的科学态度。在当前就业竞争压力日趋增大的时候，创业是实现自我理想最可靠、最切实际的途径，它也是有志青年自主人生的第一需要。

（4）自立就是凭借自己的头脑和双手，凭借自己的智慧和才能，凭借自己的努力和奋斗，建立起自己生活和事业的基础。21世纪的青年应该早立、快立志向，自谋职业，勤劳致富，建立起自己的事业。

2. 创业者的基本素质

创业者的基本素质指创业者自身的心理素质，它是指在创业实践的过程中对人心理和行为起调节作用的个性特征，也就是所谓的"情商"。它是人们面对不可知的环境和前途时表现出来的一种信念和态度，因为创业具有复杂性和不确定性，心理素质在创业的过程中占有举足轻重的地位。对创业者来说，良好的心理素质有助于一个人充分发挥其创业能力，从而取得创业的成功。

一般认为，对于创业活动有显著影响的创业心理素质主要有6种，分别为独立性、敢为性、坚忍性、克制性、适应性和合作性。

（1）独立性和合作性。独立性和合作性是相反相成的两种心理品质。独立性是指思维和行为很少受外界和他人的影响，能独立思考、判断、选择的心理品质。而合作性是指能设身处地为他人着想，善于理解对方、体谅对方、善于合作共事的心理品质。它们相互制约、相互作用，在创业实践活动中发挥着重要的调节作用。创业者具有独立性，才能独立思考、自主行动，依靠自己的劳动和智慧，走上独立、自主的创业道路。但是，独立并不

第三讲　做好创业的准备

等于孤独，创业活动是一个实践活动，更是一个社会性的活动。这种活动，是在人和人之间交往、配合和协调中发生、发展并且取得成功的。所以，创业者要有良好的合作品质，通过合作，取人之长，补己之短，通过交流，获得各方面的信息，做到独立性和合作性在个体身上的统一。

（2）敢为性和克制性。敢为性是指?断的魄力，敢于行动、敢冒风险并敢于承担责任的心理品质。克制性是能自觉调节和控制自己的情绪和感情、约束自己行为、克服冲动的心理品质。世界上的事，绝对安全可靠、有百分之百成功把握的是极少的，只要从事创业活动，就必然伴随某种风险，对于从事创业活动的人来说，假如没有第一个吃螃蟹的冒险精神，那是什么也做不成的。创业需要敢作敢为，但是敢作敢为并不是盲目冲动，它是建立在对各种条件的科学分析和实事求是的基础上的。在创业活动中要善于克制，防止冲动，积极有效地控制和调节自己的情感和情绪，使自己的创业活动始终在正确的轨道上运行，不至于因为一时的冲动而做出缺乏理智的行为。

（3）坚忍性和适应性。坚忍性是指为了达到某种目的坚持不懈、不屈不挠并且能够承担挫折和失败的心理品质。适应性是指能及时适应外界环境和条件的变化，灵活地进行自我调整、自我转换的心理品质，它们相互影响，交互作用，在创业实践活动中发挥重要的调节作用。

3. 创业者的专业素质

创业者的专业素质主要指创业者的创业能力，它是能够顺利实现创业目标的基础和保障，是创业活动的核心，创业能力的强弱直接影响到创业实践活动的成败。

（1）创业者的决断素质。

实施创业的第一步就是找准方向、果断论证，进而做出战略决策。创业环境和客观条件不尽相同，各方面因素错综复杂，任何方案都具有很大的不确定性，这就需要创业者具有全局性的战略眼光和决断素质。错误的决策可能导致惨重的失败，而发展和机遇又稍纵即逝，创业者的决断素质是非常重要的。

（2）创业者的知识水平。

当今社会是一个知识经济时代，要求创业者具有复合性的知识结构，主要包括两方面的内容，一是指知识具有广博性，二是指知识具有专业性。作为新创企业的管理者，既要懂管理学的知识，又有了解相关行业的科学技术知识；既要懂市场，又要懂法律。因而创

第四单元　就业与创业

业者必须知识广博，能够吸收和借鉴他人的经验和成果，在多种知识的综合上找到自己的创业点，在多种机会的把握上获得优势。同时，创业者还需要有一些专才，即掌握一定的专业知识和专业能力，每一个行业都有自身的特点和需要足够的相专业知识技能，没有专业知识就不可能正确把握创业机遇和方案，做出正确的决策。

（3）创业者的管理素质。

创业者的管理素质是使团队进行有效工作的保障，通常包括以下几个方面。

①协调能力。协调能力能够化解创业团队与竞争者之间、创业团队与客户之间的矛盾，能够使创业团队获得良好的形象，为合作打好基础。

②亲和力。亲和力是一种个人魅力，富有亲和力可以使团队成员之间关系融洽、化解矛盾、相互支持，使团队具有最高的工作效率。

③交际能力。以往人们总是强调自主创业，但如今这种观念正在改变，人际关系在创业中的作用逐渐加大，人脉圈日益成为创业信息、资金、经验的"蓄水池"，有时甚至在商业活动中能起到四两拨千斤的神奇功效。这就要求创业者必须具备很强的交际能力，才能保证自己的创业活动有效地进行。

④判断和应变能力。创业环境不是一成不变的，创业的过程也会出现这样或者那样的问题，创业活动中的策略和措施必须根据实际情况的变化而变化，这就要求创业者必须具备很好的判断和应变能力，使创业活动永远保持正确的轨道，尽量规避风险，进而取得成功。

（4）创业者的经营能力。

不会经营，创业活动就不可能完成。创业者的经营能力涉及创业活动的每一个环节：规划、决策、实施、管理、评价等，影响到创业活动的全过程。具体表现在经营、管理、用人和理财4个方面。它具有很强的实践性，不可能通过单纯的思维训练来形成，需要在创业实践活动中不断地积累、总结。

二、创业需要做什么准备

创业光靠热情是不行的，没有经验，没有资金，没有方向，或者受到其他原因的制约等，就是时机和条件尚未成熟，不适合创业。如果条件不成熟就盲目创业，会导致投入大、

第三讲　做好创业的准备

产出小；项目不准，资金套牢；经营不利，血本无归等后果。如果你已经具备创业的条件和时机决定创业，在开始创业之前，还要做好以下的准备工作。

1. 创业信息的准备和市场分析

选择一个好的项目是创业开始的第一步，也是决定你成功失败的关键一步。创业项目的选择必须以市场为导向，就是说搞什么项目不能凭自己的想象和愿望，而要从社会需要出发。这就需要创业者通过市场调查收集足够的创业信息并进行详细的市场分析

（1）市场调查。

市场环境调查是采集创业信息的最有效的途径之一。通过市场调查可以使创业者了解市场行情，明确市场目标，分析形势利弊，为创业提供正确的依据。

在这里，市场调查就是运用科学的方法，通过各种途径、手段，有目的、有计划、系统地收集、记录、整理和分析有关市场营销现状及其历史资料，预测其发展趋势，为创业决策和管理提出方案或者建议。通常市场调查分两个方面，一方面是创业者在选择项目前的市场调查，这是创业的前提条件。第二个方面，就是在创业的过程中，当预选好一个项目后，紧跟着的就是要对此项目进行专门的市场调查，以确定是否选择该项目进行创业。

市场调查的内容：一方面是宏观市场的调查，包括经济环境、政治法律环境、社会人文环境等；另一方面是微观的市场调查，也就是针对创业项目的市场调查，主要包括创业项目的市场需求调查、创业项目的竞争力调查、创业项目的可行性调查等。

（2）创业信息的收集和整理。

收集信息是为了开发信息资源，利用信息为创业实践服务。因此创业信息的收集要坚持"积极开发，为我所用"的原则。收集信息的主要途径有：利用信息网络、利用新闻媒体、进行社会调查、借助信息服务产业等。

当收集到大量的资料信息后，就要对这些信息进行整理，去伪存真、去粗取精。然后进行分析，使之真正服务于创业决策，进而转化为现实效益。

2. 制定创业计划书

在做了市场调查之后，就要根据市场分析，明确创业的目标，创业是一件艰难的事情，常言说："人无远虑，必有近忧"，为确保创业成功，创业伊始，要做一个合理的创业规划，以此指导自己的创业行为。

第四单元　就业与创业

（1）创业计划要体现的内容。

创业项目的名称、创业项目的可行性论证（包括：市场需求、发展前景、资金条件、技术条件等）、创业实施方案等。其中，创业实施方案是实施创业行为的关键，在制定时要特别下功夫。从时间角度上讲，创业实施方案可分为以下几点。

①筹备工作：主要指创业之初的注册登记、筹措资金等准备工作。

②近期目标：指初始创业阶段要达到的目标，时间一般是一年。

③长期目标：是创业行为在经过一个相当长的时期后要达到的目标，一般是3~5年。

（2）创业计划的制订。

制订计划应具有主导性、科学性、创造性和整体性，一般按下列步骤制订：

①机会估量

②确定目标

③确定前提条件

④拟订可供选择的方案

⑤评价和选择方案

⑥制订派生计划

（3）创业计划的格式与内容。

完整的书面创业计划应该是能给人留下深刻印象的文件。因为，计划必须反映企业的实际情况，必须详尽地表示管理者的经营思想和经营策略。创业计划的格式与内容主要包括以下几个方面。

①标题页。

②目录。

③计划摘要。其作用是向读者提供公司的概览。摘要要简洁，篇幅不宜过长。它是浓缩了的创业项目计划书的精华计划摘要涵盖了计划的要点，以求一目了然，以便读者能在最短的时间内评审计划并做出判断。

④业务概览。描述公司、企业的性质、经营目标、人员组成、经营模式和策略等，让读者可以比较详细地了解公司、企业的基本情况。

⑤经营计划。这一部分主要介绍公司、企业如何经营，不同的行业对经营性计划有不同的要求。

第三讲　做好创业的准备

⑥财务计划。主要包括资产情况、流动资金情况、资金周转预测、盈亏预测等。

（4）创业计划的可行性分析。

创业必须要有相当的竞争力，而且只有你自己才能决定怎么做最恰当。成事不易，创业更难。选择创业这条路，自然而然地你会憧憬成功的景象，而不会想到万一失败的问题，因为开始就想到失败，未免太消极了。然而，往坏处打算尽管令人不愉快，却是创业之初应该考虑清楚的。当你确定自己适合创业后，你不必急着马上走上创业这条路，还必须先评估一下你的创业计划是否可行。

注意事项

在创业的过程，以下几个方面是我们需要注意的。

（1）正确地认识自己。不能准确地认识自己就会导致自己的误判，从而增加成功的困难。了解自己的优点和缺点，在创业过程中要随时提醒自己，以避免由于自己的缺点而导致的误判，一厢情愿是不会成功的。

（2）冒险意识。创业本身不可避免与风险相伴随，大多数的人相对谨慎保守，对风险的心理承受能力相对差些，缺乏创新的勇气。所谓冒险不是蛮干，而是综合自身情况，去承担创业过程中的不确定因素，积极去准备，去思考，一旦考虑成熟就应该勇敢地出击。

（3）理性思维。很多人容易从自身的好恶出发，不自觉地以自己的感觉代替别人的想法。这种思维习惯对创业是非常有害的。尽管掺杂着激情和冲动，但创业是理性的过程，必须以科学的态度思考所遇到的问题，减少情绪的影响，准确地认识自己的优点和缺点，确定自己的创业思路和模式。

（4）坚持就是胜利。创业的过程总是和困难、挫折相伴随的，遇到挫折是不可避免的，关键是自己的心态。昨天还是满怀激情，遇到点儿事儿就垂头丧气、心灰意冷，这不是正确的创业心态。要保持信心，根据不同的现象去探索解决问题的方法，每解决一个问题，就距离成功更近了一步，如果我们能够始终以这种心态面对挫折时，成功只是时间问题。

（5）把握机遇、当机立断。有了梦想就要敢于去尝试、去实现。创业是无法事先完

第四单元　就业与创业

可预测的复杂过程，即使我们再聪明、再有经验也无法事先考虑到所有的可能。不如勇敢地开始行动，在实施过程中逢山开路、遇水架桥。我们讲商机，商机是机会，机会不等人，如果想把一切都考虑清楚了再行动，那么可以肯定地说，创业是不会成功的。

（6）不断学习是成功的基石。成功不是天上掉下来的，而是勤奋努力来的。不断学习行业相关知识和技能，学习管理的经验，学习与合作方及顾客的沟通交流技能是成功的基础。任何判断或者决定都来自知识和经验的积累，如果缺乏这种积累，那么我们的判断就依据不足，得出的结论显然也无法是正确的。

（7）自信是成功的阶梯。正是由于创业的艰难才更需要依靠自信鼓舞自己坚持下去。每个人都有长处，只是缺少发现，别人能做到的，为什么我们就做不到呢？所以无论遇到什么困境，都不要放弃目标，相信自己能够掌握自己的命运，坚定信念走下去。

相关知识

创业常见的几种类型如下。

（1）网络创业。有效利用现成的网络资源。网络创业主要有两种形式：网上开店，即在网上注册成立网络商店；网上加盟，即以某个电子商务网站门店的形式经营，利用母体网站的货源和销售渠道。

（2）加盟创业。分享品牌金矿，分享经营诀窍，分享资源支持，采取直营、委托加盟、特许加盟等形式连锁加盟，投资金额根据商品种类、店铺要求、加盟方式、技术设备的不同而不同。

（3）兼职创业。即在工作之余再创业。

（4）团队创业。具有互补性或者有共同兴趣的成员组成团队进行创业。

（5）大赛创业。即利用各种商业创业大赛，获得资金提供平台。

（6）概念创业。即凭借创意、点子、想法创业。当然，这些创业概念必须标新立异，至少在打算进入的行业或领域是个创举，只有这样，才能抢占市场先机，才能吸引风险投资商的眼球。

（7）内部创业。是指一些有创业意向的员工在企业的支持下，承担企业内部某些业务或项目，并与企业分享成果的创业模式。

第三讲　做好创业的准备

综上所述，一个成功的创业必须具备以下几个方面的要素。

1. 具有创业所必需的心理素质，这是创业的核心。创业是一种思考、推理和行动的方法，创业是实现个人价值的过程，但并不是谁都可以创业的，评估一下自己是否适合创业是创业如首先要解决的问题。只有具备了创业所要求的心理素质，创业才可能成功。

2. 具有创业所必需的专业素质，这是创业成功的保障。创业是创建一个经济组织的过程，是一种管理方法，是一个综合性、社会性的实践活动，这就要求创业者既要有相关的专业技术知识，还要有管理、组织、决断等方面的才能。

3. 必须进行详细的市场调查和分析，这是创业成功的前提。创业活动永远离不开市场，如果没有对市场进行详细的调查和分析，创业活动就是盲目和冲动的，必然导致失败。

4. 具有一份可行的创业计划书，这是创业成功的关键。创业活动是一项复杂、艰难的过程，必须有指导，有计划地进行，这样创业活动才不会偏离轨道，走上错误的方向，才能保证最大限度地取得成功。

创业计划书范本

第一部分　计划概要

项目名称：好邻居水电急修服务部

经营范围：电线电路、开关插座、照明灯具、水管水箱等维修安装，防水补漏工程项目

项目投资：约3万元

回收成本期限：约6个月

样板店地址：小店区坞城东街

项目概况：好邻居水电急修服务部是组织一群经严格培训的专业维修队伍，以优质的

第四单元　就业与创业

服务，为社区的住户、商户提供水电故障诊断、快速维修，承诺24小时上门服务。

第二部分　市场分析

一、市场需求分析

家里的电线电路、开关插座、照明灯具发生故障，空调、水管、水箱、浴具漏水是经常发生的事，大部分的住户由于缺少相关的专业技能和维修工具而无能为力。当家里只剩老人和小孩，如果发生水电故障就更需要找人处理。

社区的小商铺发生水电故障会影响营业。出现这些问题时大多数人只能翻广告，找朋友询问附近有无可解决问题的工人。然而目前只有一些各自为政、没有经过专业训练、缺乏专业资格的人员，这种方式既没效率，价格又没有标准，施工质量和后续服务没有保障，造成客户在时间上、价格上和质量上的许多困扰。

二、目标群体分析

目标群体的定位在太原市的老城区的老街道，主要原因是老城区的电线电路、开关插座、照明灯具，水管水箱等使用期限较长，都比较老化，待修的可能性很大，因而商机较大。

第三部分　成本预算

一、启动资金

铺租：1 000元

装修：5 000元

购置设备：10 000元

营业执照、税务登记费：200元

水电杂费：800元

工资（12人）：9 600元

合计：27 600元

二、每月运营成本

铺租：1 000元

水电杂费：800元

工商管理费=300元 工资：9 600元 设备折旧：200元

原辅配件费用=800元 其他不可计算费用：300元 合计：13 000元

第四部分　市场风险分析

一、水电急修的市场需求较稳定，风险主要来自同行业的竞争由于它的技术含量不会太高，进入比较容易。

二、服务质量会带来风险

由于技术员的水平不一样，有些故障还带有一定的偶然性，这给服务质量的把握带来一定难度。解决这一问题有两个基本方法。

对维修员工严格把关。

定期或不定期的组织员工接受培训和经验交流，以提高员工素质。

三、入户所带来的人为风险

主要是极个别人会手脚不干净，见财眼红。预防这种现象的出现，要经常加强员工的思想教育，与员工保持密切联系，做好员工的思想工作。

第五部分　行业相关法律法规

根据《中华人民共和国消费者权益保护法》的相关规定：客户在购买、使用商品和接受服务时应享有人身、财产安全不受损害的权利。客户有权要求本企业提供的商品或服务符合保障人身、财产安全的要求。

根据《中华人民共和国劳动法》的相关规定：本企业应依法与所招聘的企业员工签订相应的劳动合同。

第四单元 就业与创业

第六部分 人员机构配置

职员	配置人数	职能
经理	1	负责整个维修部的工作以及策划开发工作
经理助理	1	协助经理做好管理和策划开发工作，兼会计
电话接线员	1	负责与客户的联络
水电工	10	负责具体的维修工作
注：全部为本市的下岗失业人员。		

第七部分 自身优势

一、工作经验

本人有 8 年的水电维修工作经验，对水电维修有浓厚的兴趣，交际能力强，做事踏实、认真。

二、社会资源

本人世代居住在坞城东街，有良好的街坊邻居关系，开展工作会得心应手。

三、资金支持

有本人多年的积蓄和家人的大力支持，开业资金没有问题。

第八部分 环境及地理优势

一、创业环境

这主要表现在创业的政策环境上，为鼓励下岗失业人员创业上岗，太原市委、市政府联合制订了《促进下岗职工和失业人员在就业》的相关政策。本人的项目属于社区服务项目，主要成员均为下岗待业人员，可享受更多的优惠政策。

二、经营地点

经营地点选择在旧城区，人口密集，缺乏物业管理公司，竞争对手少。

第九部分　市场营销策略

（1）印制附有详细价目表的宣传单派送到户，以明码实价，公开透明的收费制度使客户放心。定期举办知识讲座，征集客户意见，了解需求情况，营造良好的人际关系，进而创建良好的信誉与形象。

（2）按项目大小收费与会员制包月优惠收费相结合，让顾客有更多的选择，培养固定客户，提高客户忠诚度。

（3）工作人员的技术水平和服务质量、服务态度对客户的满意度有关键性影响，必须严格进行上岗培训，制定工作规范：工作时穿制服、戴工作证准时到达现场，热情礼貌的工作态度，按标准作业流程操作，随时注意安全，填写客户资料和意见表。

（4）在节假日提供专项特价检修、检视业务，建立相关客户情况资料，并义务为社区内的困难户、孤寡老人等提供免费服务。

（5）提供电话热线报修，24小时上门服务，使客户享受方便、迅速的服务。

第十部分　项目可行性分析

一、市场需求分析

水电急修服务是一项市场需求稳定，竞争较少，投入资金不大，投资回报期短，可持续发展性强，服务范围和服务对象广泛，提供较多工作岗位，创业和解决再就业相结合的社区服务项目，可行性较高。

二、项目规模的可行性分析

投资少，见效快是本项目的一大特点。先以一个社区或小区为基础，逐步扩大规模和影响。使用本社区的下岗失业人员是项目的优势，也是项目可行性的一大体现。

三、行业发展趋势分析

水电维修是一个长期性的项目，特别是上门服务。随着小区规模的进一步发展，水电安装的进一步完善，相关后期服务的需求也会越来越大。水电产品的质量下降，也给水电维修带来一定的发展潜力。

综上所述，我们确定本项目有可行性。

注：该附录只节选了创业计划书的主要部分。

做好创业的准备了吗？

参 考 文 献

[1] 姚本先、刘宏德.职业指导与创业教育［M］.北京：开明出版社，2006.

[2] 喻昌学.职业素质与修养［M］.北京：科学出版社，2007.

[3] 昝超.就业指导与创业教育［M］.北京；国家行政学院出版社，2007.

[4] 吴本佳.就业指导与创业教育［M］.北京：北京邮电大学出版社，2007.

[5] 葛玉辉.成功职场六项修炼［M］.北京：清华大学出版社，2008.

[6] 梅雨霖.求职技巧一本全［M］.南宁：广西人民出版社，2008.

[7] 姚睿.职业生涯设计［M］.北京：开明出版社，2006.

[8] 林圣基.职业指导与成功就业［M］.广州：广东经济出版社，2008.

[9] 马莹.就业指导与创业教育［M］.上海：立信会计出版社，2006.

[10] 洪壤.职业定位DIY［M］.广州：广东出版社，2004.

[11] 张丽宏、张丽娟.职业道德与就业创业指导［M］.北京：机械工业出版社，2008.

[12] 王英.职业生涯规划与就业指导［m］.北京：机械工业出版社，2008.

[13] 闵捷、高涵.大学体育与健康基础教程［M］.北京：北京体育大学出版社，2002.

[14] 戴尔.卡耐基人性的优点［M］.北京：金城出版社，2004.

[15] 戴尔.卡耐基.人性的弱点［M］.北京：金城出版社，2004.

[16] 苏允杰.手机美容圆我财富梦想［N］.市场报，2006-06-09（16）.